REINHARDT HESS | ISABEL GÄNKLER

Knigge für Weintrinker

Souverän im Umgang mit Wein

Hallwag

Inhalt

Zum Gebrauch

Dieser Hallwag Kompass will Ihnen beim Umgang mit Wein behilflich sein – nicht mit starren Regeln und Vorschriften, sondern ganz so, wie Adolf Freiherr von Knigge es in seinem Buch »Über den Umgang mit Menschen« beschrieb: Entscheidend ist die Kunst, sich bei allen zwischenmenschlichen Kontakten sicher und fair gegenüber den anderen zu verhalten. Deshalb erfahren Sie hier, wie Sie mit dem Wein und den Menschen, die mit ihm zu tun haben, so umgehen können, dass ein für alle Seiten angenehmes Miteinander zustande kommt.

Der Kompass widmet sich zunächst den verschiedenen Einkaufsmöglichkeiten und deren Eigenheiten und zeigt, was Sie vom Angebot des jeweiligen Geschäfts erwarten können. Er erklärt, warum es billige und teure Weine gibt, und verrät Tipps, wie Sie Ihren persönlichen Geschmack erkennen und Ihre Wünsche und Vorstellungen verständlich formulieren können.

Es folgen die vielen Anlässe, zu denen Wein getrunken wird. Sie erfahren, wie Sie den passenden Wein zur rechten Gelegenheit stilvoll servieren oder im Restaurant bestellen, welche Fehler ein Wein haben kann und wie man sie beanstandet, wie Wein auf Körper und Geist wirkt, wie Sie sich auf eine anspruchsvolle Weinprobe vorbereiten, wie Sie eine Probierstrategie entwickeln und was Sie dabei alles erfahren können.

Zum Schluss bekommen Sie nützliche Empfehlungen, wie ein Weinvorrat zu Hause für verschiedene Ansprüche zu planen ist, wie Sie den Überblick behalten können, wie sich der Wein in der Flasche verändert und wann welche Weine am besten schmecken. Bekannte Weinnamen und ihre Aussprache sowie ein Glossar der wichtigsten Weinbegriffe runden diesen kleinen Knigge ab.

WEIN EINKAUFEN

Weinkenner kann jeder werden,
vorausgesetzt, er macht so oft wie möglich
seine Hausaufgaben: probieren, probieren,
probieren. Am besten tut man das erst einmal
für sich allein, um seine eigenen Vorlieben
kennenzulernen. Doch das Weinangebot
ist riesig und es lohnt sich, die verschiedenen
Einkaufsquellen kritisch unter die Lupe
zu nehmen. Schöne Etiketten sind
nicht alles – auf den Inhalt der
Flaschen kommt es an.

Wann Wein schmeckt

Cola schmeckt immer gleich, Wein nie. Eine schmerzhafte Erfahrung für jeden, der Beständigkeit schätzt. Ob man einen Wein einfach so oder zum Essen trinkt, ob allein oder in lustiger Runde, aus einem Plastikbecher oder aus einem edlen Weinglas – der Wein wird immer wieder etwas anders schmecken.

Wenn man eine teure Flasche in einem Weinladen kauft, hat man beim Probieren eine andere Erwartungshaltung als bei einem preiswerten Wein aus dem Supermarkt. Der persönliche Genuss hängt von der Situation ab, in der der Wein getrunken wird. Deshalb nicht gleich die Flinte ins Korn werfen, wenn ein bestimmter Wein beim ersten Probieren das Prädikat »schmeckt mir nicht« erhält. Es könnte am falschen Zeitpunkt, einer unpassenden Gelegenheit oder dem falschen Essen als Begleitung gelegen haben.

Quellentest

Welche Bezugsquelle man für seinen persönlichen Weineinkauf wählt, hängt nicht unbedingt vom Budget ab, das zur Verfügung steht. Oft hindert den Weineinsteiger eine gewisse Schwellenangst daran, den Schritt in die Fachhandlung zu wagen. Dabei bieten die meisten Einkaufsquellen – vom Discounter bis zur Weinboutique – Alltagsweine zu erschwinglichen Preisen an.

Mit einem einfachen Test können Sie ausprobieren, ob Weine aus dem Discounter so gut schmecken wie die aus dem Fachhandel. Wählen Sie dazu einfach eine Weinsorte aus, die überall zu bekommen ist. Einmal angenommen, Ihnen schmeckt italienischer Chianti. Wie viel Geld würden Sie für eine Flasche ausgeben? Kaufen Sie jeweils ein etwa gleich teures Muster beim Discounter, im Supermarkt, im Weindepot, in der Weinabteilung eines Kaufhauses und im Weinfachhandel. Dann probieren Sie die Chianti alle gleichzeitig nebeneinander. Welcher schmeckt Ihnen persönlich am besten?

Weinquellen

Wein kann man fast überall kaufen: im Gartencenter, an der Tankstelle, im Drogeriemarkt und beim Discounter, im Verbrauchermarkt, Weindepot, Kaufhaus oder Supermarkt. Und natürlich im Weinfachhandel und direkt beim Winzer.

Was ist was?

Klassische Supermärkte wie HL, Minimal, Tengelmann und Rewe bieten das Wichtigste für den täglichen Bedarf in erreichbarer Nähe. Kaufhäuser sind in Innenstädten zu finden, vereinen viele Spezialgeschäfte unter einem Dach und wollen auch anspruchsvolle Kunden bedienen. Verbrauchermärkte wie Extra, Familia, Toom, Coma oder Combi liegen außerhalb der Wohngebiete, sind auf Autokunden ausgerichtet, haben ein breites Angebot von Lebensmitteln, Getränken und Haushaltswaren auf großen Flächen und sind auf Vorratskäufe spezialisiert. Discounter wie Aldi, Lidl, Penny oder Plus führen vorwiegend Artikel, die einen schnellen Umsatz erwarten lassen, in einfacher Präsentation und zu billigen Preisen. Drogeriemärkte wie dm, kd, Rossmann und Schlecker bieten neben Kosmetika und Waschmitteln zunehmend Weine an und manche Tankstellen sind sogar eine gute Adresse für Wein. Im Weinfachhandel gibt es nur Weine, manchmal ergänzt durch Gläser, Korkenzieher und Weinliteratur. In diese Kategorie gehören auch die Weindepots, eine Art Fachhandel mit Probiermöglichkeit.

 Profitipp

Sucht man einen preisgünstigen Alltagswein, lohnt sich das Stöbern im Supermarkt: einfach aus dem Bauch heraus entscheiden. In der Preisklasse zwischen 4 und 6 Euro kann man nicht viel falsch machen.

Wein im Supermarkt

Das Angebot für Spontankäufer. Große Supermarkt-ketten benötigen ein einheitliches Sortiment, das vom Zentraleinkauf vorgegeben ist. Kleinere Nachbar-schafts-Supermärkte führen eher eine individuelle, oft regionale Auswahl, die sich an den Vorlieben ihrer Stammkunden orientiert. Immerhin wird jede dritte Weinflasche im Supermarkt gekauft.

Basisangebot

Weine, die landesweit angeboten werden, müssen in ausreichender Menge verfügbar sein. Also kommen sie vor allem von großen Weinunternehmen und Groß-importeuren, die tankweise Weine einkaufen und auf Flaschen füllen. Der gleiche Wein soll über längere Zeiträume (sprich: Jahre) verfügbar sein und immer ähnlich schmecken. Es handelt sich meist um Indus-trieweine oder Weine aus Regionen mit beständigem Klima, zum Beispiel Südfrankreich, Australien, Chile oder Kalifornien. Da es im Supermarkt in der Regel keine Beratung gibt, enthalten die Rückenetiketten Informationen zum Wein – wie er schmeckt, wozu er passt, mit welcher Temperatur er am besten serviert werden sollte.

Vor- und Nachteile

Supermarktweine sind für den sofortigen Genuss gedacht. Sie sind oft besser als ihr Ruf, selten extrem schlecht und meist technisch in Ordnung. Der Ge-schmack orientiert sich am Durchschnittskäufer, nicht am ambitionierten Weinkenner. Häufig findet man Aktionsangebote besonders beliebter Weine – vor allem Markenweine.

Drogeriemärkte & Co.

Das Angebot für Experimentierfreudige. Da Weinflaschen beliebte Mitnahmeartikel sind, werden sie
auch in Drogeriemärkten, Gartencentern, Tankstellen
und Möbelgeschäften verkauft.

Basisangebot

Meist Massenweine, allerdings gibt es Ausnahmen.
Eine Drogeriemarktkette (mit dem Zentaur als Fir-
menlogo) hat schon lange erkannt, dass sich ein gutes
Sortiment lohnt und bietet ein ambitioniertes Angebot
aus den klassischen Weinländern Europas. Die Weine
sind am Regal recht aussagekräftig beschrieben, etwas
teurer als beim Discounter, dafür deutlich besser. Auf
Sonderangebote achten. Bei Nachahmern ist die Auswahl eher dürftig – schlichte bis schlechte Allerwelts-
weine. Dagegen bietet eine italienische Tankstellen-
kette schon seit Jahrzehnten bessere Weine und
Spumanti direkt von Winzern und Genossenschaften
aus Italien in ihren Shops an. In Gartencentern findet
man nicht nur Weinreben zum Anpflanzen, sondern
oft auch Weine, manchmal sogar von renommierten
Weingütern bestimmter Regionen.

Vor- und Nachteile

Außer bei speziellen Drogeriemärkten und Tankstellen
sind die Weine sehr preiswert und selten gut. Aber:
Einige Quellen (sogar Gartencenter) überraschen mit
ausgefallenen Sortimenten. Vorteil der Tankstellen ist,
dass sie meist gekühlten Sekt oder Weißwein für den
spontanen Genuss bereithalten.

 Profitipp

Wo das Weinangebot lieblos präsentiert wird, sind die
Flaschen oft zu alt und der Wein schmeckt nicht mehr.

Die Tricks der Regaleinräumer

In großen Märkten und in Kaufhäusern sind Spezialisten damit beschäftigt, Ladendesign und Warenpräsentation so zu optimieren, dass die Kunden zum Kaufen angeregt werden. Auch die Weinflaschen sind nach bestimmten Prinzipien in den Regalen angeordnet. Dies nicht nur, um Ihnen den Überblick zu erleichtern, sondern auch, um Ihren Blick auf spezielle Weine zu lenken.

Von oben nach unten

Weine aus bestimmten Regionen werden in Gruppen zusammengefasst und innerhalb dieser Gruppen nach psychologischen Gesichtspunkten geordnet. In Augenhöhe, in der »Sichtzone«, stehen diejenigen Flaschen, die dem Unternehmen den größten Gewinn bringen oder die am schnellsten umgesetzt werden. In der Regel sind sie gerade ein bisschen teurer als das, was der Durchschnittskäufer eigentlich ausgeben wollte. Sind die Flaschen mit weiterem Abstand großzügig in die Regale eingeräumt, signalisiert das: besonders wertvoll, mitnehmen!

Preiswertere Weine finden Sie eine Etage tiefer, fachmännisch »Bückzone«, sie erfordern also eine Verbeugung. Ganz unten stehen die billigsten, meist auch größten Flaschen mit 1 oder 1,5 l Inhalt, die nur des Alkoholgehalts wegen gekauft werden. Die teuersten Flaschen stehen ganz oben, in der »Reckzone«. Der Blick nach oben steht für Ehrfurcht, die Flaschen sind für kleinere Leute fast unerreichbar.

Von links nach rechts

Achten Sie einmal auf die waagerechte Anordnung. Normalerweise wandert das Auge des Betrachters von links nach rechts das Regal entlang. Deshalb stehen links meist die einfacheren, weiter rechts die anspruchsvolleren und teureren Weine.

Sonderplatzierungen

Kistenstapel und Sonderangebote außerhalb der Wein-
regale, zum Beispiel die Palette Wein neben der Käse-
theke, sollen zu Spontankäufen animieren. »Impuls-
ware« nennen die Experten diese Angebote, an denen
die Märkte besonders gut verdienen – teils echte
Schnäppchen, teils echter Ramsch. Beides kann man
nur durch Probieren herausfinden.

Spezialitätenregale

Um bestimmte Weine besonders herauszuheben, gibt
es im Bereich der Weinabteilungen noch einmal eigene
Regale für spezielle Weinsortimente. Diese sind fast
immer aus dunklem Holzimitat (weil damit auch der
billige Wein edel aussieht), werden oft von Vertriebs-
firmen gestellt und enthalten nur die Weine eines einzelnen Großerzeugers, etwa Gallo aus Kalifornien.
Häufig weisen solche Regale auf Sonderaktionen hin,
sodass dort durchaus Schnäppchen zu finden sind.

Ein anderer Regaltyp präsentiert besonders ausge-
wählte, teurere Weine, meist schräg liegend, um auch
Käufer aufmerksam zu machen, die wissen, dass man
Wein liegend lagern soll. Hier findet man oft Bioweine
zu akzeptablen Preisen.

SICHT, GLATTEIS! VORSICHT, GLATTEIS! VORSICHT, GLATTEIS! VORSICHT, GLATTEIS!

- Flaschen vom obersten Regalbrett sind intensiv trockener Luft und Neonlicht ausgesetzt – und hier stehen die teuersten Weine. Fragen Sie bei Interesse den
  zuständigen Leiter, ob er Flaschen davon im Lager hat.
- Ist ein Sonderangebot auch noch so verlockend, erst
  eine Probeflasche kaufen und in Ruhe probieren.
- Werden Restflaschen preiswert angeboten – genau hin-
  schauen! Oft sind es zu alte Weißweine (3 Jahre und älter) oder Rotweine, die gerade in der Verschlussphase
  (→ S. 147) stecken und überhaupt nicht schmecken.

Discounter

Das Angebot für Schnäppchenjäger. Fast jede zweite in Deutschland gekaufte Flasche stammt von einem Discounter. Hier gibt es nur Weine, die sich rasch und in großen Mengen verkaufen lassen. Der Einkauf beim Discounter ähnelt einem Glücksspiel: Mit gleicher optischer Aufmachung werden im Laufe der Zeit höchst unterschiedliche Weine verschiedener Anbieter verkauft.

Basisangebot

Das ständige Sortiment von Aldi, Lidl, Norma, Penny und Plus umfasst selten mehr als ein Dutzend unterschiedlicher Weine – wie Merlot oder Chardonnay – aus populären Anbaugebieten sowie Sekt, Prosecco und Champagner. Dazu gibt es wöchentlich wechselnde Lockangebote sogenannter »hochwertiger Weine« zu Fachgeschäftspreisen.

Vor- und Nachteile

Im Discounter gibt es ein paar trinkbare, preiswerte Weine für den Alltag, daneben findet man aber auch fehlerhafte bis fast untrinkbare. Sonderangebote stammen oft aus namhaften Weinbaugebieten Frankreichs (Bordeaux, Châteauneuf-du-Pape), sind billiger als vergleichbare Angebote – aber leider selten ihr Geld wert. Echte Schnäppchen kommen oft aus weniger bekannten Weinbauregionen, zum Beispiel Apulien (Italien), Minervois und Gascogne (Frankreich).

Profitipp

Für die 5 Euro, die ein schlechter Discounter-Cru-Bourgeois aus Bordeaux kostet, bekommen Sie in einem Fachgeschäft einen guten Rotwein inklusive Beratung: So finden Sie eher zu Ihren eigenen Vorlieben und ersparen sich Enttäuschungen.

Kaufhäuser

Das Sortiment für Fortgeschrittenere. Die großen Kaufhäuser wie Karstadt und Kaufhof bieten in weitläufigen Weinabteilungen ein breites Spektrum an Weintypen aus unterschiedlichen Regionen, dazu Sekt und Champagner, Spirituosen und Mixzutaten.

Basisangebot

Nach dem Motto »für jeden etwas« reicht das Angebot von einfachen Supermarkttropfen bis zu exklusiven Topweinen. Wirtschaftlichkeit und Image müssen vereinbart werden, deshalb gibt es neben preiswerten Allerweltsweinen auch Raritäten. Vor allem kurz vor Weihnachten findet man spezielle Angebote, die sich oft an Weinkenner richten, die sich rechtzeitig vor dem Fest eindecken wollen oder nach einem Geschenk suchen.

Vor- und Nachteile

In den Weinabteilungen kann man meist ungestört stöbern. Neben der Preisauszeichnung werden Weine oft ausführlich beschrieben, manchmal gibt es Weine zum Verkosten, und es gibt Fachpersonal, das um Rat gefragt werden kann. Ideales Terroir fürs Fachgeschäftstraining!

Die Weine sind meist ordentlich gelagert (liegend, ohne grelle Beleuchtung). Aktionswochen und Sonderangebote sind seriös und bieten gute Qualität zu reduzierten Preisen. Aktionsweine werden oft unter Marktpreis angeboten, Sortimentsweine können teurer sein als im Fachgeschäft. Rabatte gibt es oft beim Kauf ganzer Kisten, bei höherpreisigen inklusive Holzkiste.

☞ Profitipp

Immer mal wieder reinschauen! Kaufhäuser können aufgrund ihrer Größe hochwertige Weine gelegentlich zu Preisen anbieten, die kaum zu schlagen sind.

Probier-Strategie

Ob Weinmesse, Kaufhaus, Weindepot oder Fachgeschäft – bloß nicht das ganze Sortiment auf einmal
durchtesten! Überlegen Sie vorab, welche Weine Sie
besonders interessieren könnten. Wenige Weine,
aufmerksam probiert, bringen mehr Erfahrung als
viele durcheinander.

Testen Sie nicht Weiß- und Rotweine gleichzeitig,
fangen Sie am besten mit den Rotweinen an, die besonders viel Konzentration und wache Sinne erfordern.
Legen Sie anschließend eine kurze Pause ein, ehe
die Weißweine an die Reihe kommen. Diese wirken
jetzt erfrischend für den Gaumen und sind leichter
zugänglich.

Fangen Sie mit den preiswerteren Weinen an, die
teureren kommen zum Schluss. Achten Sie auf den
Alkoholgehalt auf dem Flaschenetikett: zuerst die
leichteren, dann die gehaltvolleren. Schreiben Sie auf,
welchen Wein Sie probiert haben, wie er Ihnen geschmeckt hat, was Ihnen aufgefallen ist.

Bei Weindepots beginnen Sie am besten mit den
Aktionsweinen, sie sind meist nur kurze Zeit oder in
kleinen Mengen erhältlich (oft dienen sie als »Testbal-
lons«, mit denen geprüft wird, ob Kunden einen Wein
akzeptieren oder nicht). Konzentrieren Sie sich dann
auf einen Weintyp (zum Beispiel Chardonnay) oder
eine Region (zum Beispiel Burgund) und probieren Sie
nicht mehr als drei oder vier Weine gleichzeitig.

Achten Sie bei Gallier und Co. auf das Datum, das
der Depotleiter auf der Flasche notiert hat, es gibt an,
wann er den Wein geöffnet hat, wie lange der Inhalt
also schon belüftet wird (→ S. 119). Vor allem Rotweine
schmecken nach zwei oder drei Tagen bei Raumtem-
peratur ganz anders als frisch geöffnet.

In Weindepots wird Ihnen auch eine nicht zur Ver-
kostung bereitstehende Flasche geöffnet, wenn Sie
ernsthaftes Interesse daran haben. Wenn es sich zeit-

lich einrichten lässt, ist der Freitag der beste Probiertag: Da in der Regel am Samstag die meisten Kunden kommen, steht die Flasche dann nicht zu lange entkorkt herum.

Knabbern Sie zwischendurch ein kleines Stück Brot oder trinken Sie einen Schluck stilles Wasser, um den Geschmackssinn wieder zu neutralisieren. Meiden Sie aber kohlensäurereiche Mineralwässer, sie lassen säurereiche Weine hinterher noch deutlicher saurer schmecken.

Profitipp

Kaufen Sie anfangs nur zwei Flaschen von einem Wein und probieren Sie ihn zu Hause nochmals in Ruhe (und zum Essen). Das schont den Geldbeutel und bewahrt vor Enttäuschungen.

In einer Weinhandlung hat man neben kompetenter Beratung oft die Möglichkeit, Weine zu verkosten.

Weindepots

Das Angebot für Probierfreudige. Gewerbehallen-
mäßiges Ambiente, große Auswahl und alle Weine
(oder wenigstens alle preiswerten) offen zum Probieren – das lockt Weinfreunde zu Gallier, Jacques und
Co. Weindepots bieten eine gute Möglichkeit, unterschiedliche Weine miteinander zu vergleichen. Wer
sich in den Adressverteiler aufnehmen lässt, erhält
regelmäßig Informationen über Aktionen, besondere
Kundenangebote oder spezielle Weinverkostungen,
bei denen auch mal die eine oder andere teure Flasche
geöffnet wird.

Basisangebot

Bestand das Sortiment früher aus französischen Weinen (was die Namen der Depots noch immer vermuten
lassen), werden heute Weine aus aller Welt geführt.
Es gibt kaum billige Weine, die Preise liegen im leicht
gehobenen Bereich. Gelegentlich gibt es interessante
Sonderangebote. Eine Spezialität sind die »BiBs« (Bag
in Box), das sind Weinschläuche aus Kunststoff mit
Zapfhahn in einem Karton, die auch bei Discountern
zu finden sind (→ Partyweine, S. 63). Daneben werden
Sekt und Champagner sowie Spirituosen angeboten,
aber auch Feinkost und Weinzubehör.

Vor- und Nachteile

Die Möglichkeit, viele Weine probieren zu können,
ist die Stärke der Depots. Andererseits erhöhen die
Probeflaschen natürlich den Preis. Wer andere Quellen
durchforstet, wird ähnliche oder sogar gleiche Weine
mit anderem Etikett zu günstigeren Preisen finden.
Und: Es gibt hier überwiegend Weine, die in großen
Mengen produziert werden, also vor allem von
Großgenossenschaften, auch wenn es sich in den
Depot-Informationen oft ganz anders anhört.

Weinbar

Das Angebot für den spontanen Genuss. Vor allem in größeren Städten gibt es Bars, in denen Wein nicht nur genossen, sondern auch gekauft werden kann. Außerdem werden Snacks oder kleine Gerichte serviert, die zum Wein passen. Schwellenangst kommt hier keine auf, man bezahlt ja für den Wein.

Zum Probieren werden die Weine meist in 100-ml-Gläsern angeboten, für den längeren Genuss gibt es auch größere Gläser. Ein Abend mit Gleichgesinnten kann so sehr amüsant sein.

Eine Sonderform der Weinbars sind Vinotheken oder Gebietsvinotheken in den Weinbaugebieten, deren Angebot sich auf die Erzeugnisse mehrerer Winzer, einer Gemeinde oder eines Gebiets beschränkt. In Italien heißen sie »Enoteca«. Die Weine können probiert werden und die Flaschenpreise sind in der Regel gleich oder nur wenig teurer als direkt vom Weingut. Daneben werden oft weitere Spezialitäten der Region verkauft.

Basisangebot

Meist gehören die Weinbars zu großen Weinhandlungen und spiegeln deren Sortiment wider.

Vor- und Nachteile

Die Weine können gläschenweise probiert werden, die Preise sind in der Regel anständig kalkuliert und der Gast kann jederzeit den Flaschenverkaufspreis einsehen. Die Weinkarten informieren ausführlicher über die Weine, als es sonst üblich ist. Meistens stehen nur einige Sorten offen bereit, alle richtig temperiert. Weniger gefragte Flaschen könnten jedoch schon ein paar Tage offen sein. Allerdings haben viele Weinbars ausgeklügelte Systeme, um die Weine auch über einen längeren Zeitraum frisch zu halten.

Weinfachgeschäft

Die Quelle für Enthusiasten. Für die meisten Neulinge ist der Schritt in ein solches Geschäft mit Hemmungen verbunden. Diese sind aber unbegründet, denn dumme Fragen gibt es nicht (nur dumme Antworten), und die Preise fangen keineswegs erst bei 50 Euro an. Stellen Sie sich einfach vor, Sie gingen in einen Buchladen. Eine Weinhandlung ist sehr ähnlich, nur dass sie eben Weine statt Bücher anbietet. Oft halten Weingeschäfte auch einige Weine zum Probieren bereit.

Basisangebot

Sehr unterschiedlich. Einige Händler haben sich auf Weine eines Landes oder einer bestimmten Region spezialisiert, andere bieten ein breites Sortiment an. Sofern es keine »Edelboutique« ist, gibt es Weine der mittleren (ab 10 Euro) bis oberen (ab 50 Euro) Preisklasse. Viele bieten zunehmend auch günstige Alltagsweine an. Oft gibt es bei Abnahme von ganzen Kisten mit sechs oder zwölf Flaschen des gleichen Weins einen Sonderrabatt. Wird er nicht angeboten, einfach danach fragen.

Vor- und Nachteile

Für viele Inhaber ist der Wein nicht nur Geschäft, sondern auch Passion. Sie kaufen nur Weine, die sie selbst mögen und zu denen sie eine Beziehung haben. In der Regel bieten sie also ausgesuchte Winzerweine an, über die sie auch viel erzählen können. Es gibt aber auch Verkäufer, die am liebsten nur antiquarische Einzelstücke verkaufen würden.

 Profitipp

Fragen Sie, ob der Inhaber Weinproben organisiert. Dabei können Sie gegen einen oft geringen Unkostenbeitrag auch sehr gute Weine kennenlernen.

Nachbarschaftsweinhandlungen

Das Angebot für Stammkunden. Diese kleinen, vom Eigentümer selbst geführten Weinhandlungen sind am Rand der Städte oder in ländlichen Gebieten zu finden. Sie führen nur ein kleines Sortiment, oft Weine einer Region oder sogar nur eines Weinguts, das die Handlungen selbst beliefert. Meist werden sie im Nebenerwerb betrieben, Lager- und Präsentationsräume sind unter einem Dach.

Nachbarschaftsweinhandlungen (oder »Garagenhändler«) sind häufig nur durch Kleinanzeigen oder im Telefonbuch zu entdecken. Im Prinzip ähneln sie den Gebietsvinotheken (→ S. 17), liegen aber nicht in einer Weinbauregion.

Basisangebot

Keine Massenware, sondern solide Genossenschafts- oder Winzerweine. Allerdings selten Spitzenqualitäten (die verkaufen die Winzer selbst an ihre Stammkunden, die sich ihre Lieblingsweine oft schon für das nächste Jahr reservieren lassen), sondern Weine für jeden Tag. Die Betreiber haben meist eine persönliche Beziehung zu den Weinen und den Erzeugern. Von ihnen erfährt man auch viel über die Winzer und ihre Weine.

Vor- und Nachteile

Nachbarschaftsweinhandlungen bieten die Möglichkeit, außerhalb der Weinbaugebiete an preisgünstige Winzerweine auch in Literflaschen zu kommen. Literflaschen sind allerdings Pfandflaschen, sodass man mindestens einmal wiederkommen muss.

Da die Stammkundschaft die Weine ohnehin kennt, stehen nicht alle Sorten immer zum Probieren bereit. Sonderangebote sind selten, die Preise meist fair. Die Öffnungszeiten liegen oft außerhalb der Arbeitszeit (oder nach Vereinbarung).

Beim Winzer

Das Angebot für Reisefreudige. Die meisten Winzer verkaufen direkt an Kunden und bieten Interessierten ihre Weine zum Probieren an. Die Auswahl beschränkt sich – je nach Rebfläche des Weinguts – auf einige Rebsorten- und Qualitätsstufen-Weine (→ S. 30) aus dem aktuellen Jahrgang, in der Fachsprache »Kollektion« genannt. Daneben erzeugen viele Winzer auch eigenen Sekt, den sogenannten Winzersekt, und lassen aus ihren Trestern, den Pressrückständen der Weintrauben, Brände (heißen in Italien Grappa) herstellen.

Stresszeiten meiden

Viele Winzer leben zwar vom Direktverkauf, haben aber auch im Weinberg und im Keller viel zu tun. Vor allem im Herbst, wenn die Trauben geerntet werden, und im Frühjahr, wenn der Weinberg gepflegt werden muss, ist meist die ganze Familie beschäftigt. Günstige Zeiten sind der Spätsommer oder, noch besser, das späte Frühjahr ab Mai. Dann ist der Weißwein aus der letzten Ernte in der Regel auf Flaschen gefüllt und der Keller noch nicht ausverkauft. Ungünstig sind auch Wochenenden, wenn viele Ausflügler die Winzer besuchen. Am besten vereinbaren Sie vorher einen Termin.

Erst schauen, dann probieren

Weinherstellung erfordert größte Sauberkeit. Sehen Sie sich erst in Ruhe das Gut von außen an, ob es gepflegt oder vernachlässigt aussieht. Vor dem ersten Schluck die Weinliste und die Preise studieren und mit dem Winzer ehrlich über die eigenen Vorlieben sprechen. Nicht jeden Wein probieren, sondern zunächst nur zwei oder drei in die engere Wahl ziehen. Häufig wird Ihnen der Winzer selbst einen Wein vorschlagen, etwa um zu testen, ob Sie zum Beispiel wirklich »trocken« meinen, wenn Sie nur solche Weine ausgesucht haben, oder ob Ihnen nicht doch etwas Milderes vorschwebt.

Sagen Sie ganz offen, ob Ihnen dieser Wein zusagt oder nicht und warum. Damit kann der Winzer besser auf Ihren Geschmack eingehen.

 **Profitipp**

Geben Sie nicht auf, wenn Ihnen die ersten Weine nicht schmecken. Wenn Sie wirklich ein »Trockentrinker« sind, hat der Winzer mit Sicherheit noch einen extra herben Tropfen im Keller, den er auch selbst am liebsten trinkt.

Basisangebot

Reicht bei vielen Winzern vom Tafelwein (aus mehreren Rebsorten) über Gutsweine (aus bestimmten Rebsorten wie Riesling, aber von verschiedenen Lagen) und Qualitätsweine (meist nur eine Rebsorte von einer einzigen Lage) bis zu teuren Prädikatsweinen aus besonders ausgelesenen Trauben. Je nach Anbaugebiet

Nirgends erfährt man mehr über Wein als beim Winzer.

werden nur Weiß- oder Rotweine oder auch beides produziert. Manche Winzer haben sich auf hochwertigste und teure Weine spezialisiert, deshalb sich vorher informieren! Kein Erzeuger kann es sich leisten, für nur ein oder zwei Besucher eine teure Flasche zu öffnen. Bietet er es trotzdem an, sollten Sie das nicht ablehnen. Vielleicht möchte er den Wein auch gern selbst probieren, um seine Entwicklung beurteilen zu können.

Vor- und Nachteile

Die Preise sind immer günstiger als im Handel, allerdings müssen Sie die Flaschen auf eigenes Risiko transportieren. Viele Winzer beliefern ihre Kunden auch direkt, ab einer bestimmten Flaschenzahl sogar umsonst. Die Weine können vorher probiert werden.

Nirgends kann man mehr über Wein lernen als beim Winzer. Bei Interesse führt er seine Gäste auch gern in seinen Keller und zeigt, wie und wo die Weine entstehen. Oft liegen dort auch noch ältere Jahrgänge, die aus Platzgründen günstiger verkauft werden. Winzerweine sind sehr individuelle Weine, aber es ist nicht gesagt, dass Ihnen persönlich die Weine zusagen. Dann fühlen Sie sich vielleicht nach einer Probe zum Kauf verpflichtet und nehmen mehr Flaschen mit, als Sie eigentlich vorhatten.

VORSICHT, GLATTEIS! VORSICHT, GLATTEIS! VORSICHT, GLATTEIS! VORSICHT, GLATTE

- Meiden Sie Käse beim Probieren, er lässt viele Weine besser schmecken, als sie sind.
- Fragen stellen ist erwünscht, Kritik an den Weinen fehl am Platz.
- Den Wein ausspucken ist erlaubt, wenn Sie Autofahrer sind. Steht kein Gefäß dafür bereit, bitten Sie um eines. Oder lassen Sie sich nur ganz wenig eingießen.
- Nehmen Sie nach einer kostenlosen Weinprobe als Unkostenbeitrag wenigstens ein paar Flaschen von dem Wein mit, der für Sie annehmbar war.

Weinversand

Das Angebot für vielseitig Interessierte. Die größte Auswahl an Weinen bietet der Versandhandel an. Da sich die Weine weder anschauen noch probieren lassen, ersetzen aufwendige Kataloge die Beratung, teils mit enorm viel Information, teils mit nur unzureichenden Beschreibungen (»ein fruchtiger Wein, für alle Gelegenheiten passend«). Renommierte Weinversender haben ihren Sitz oft an norddeutschen Häfen, wo früher die Weine aus Frankreich umgeschlagen wurden. Außerdem gibt es zuverlässige Anbieter, die ausschließlich Bioweine im Programm haben und Weinproben per Postpaket inklusive Weinbeschreibung offerieren.

Basisangebot

In der Regel Weine aus aller Welt, es gibt aber auch Versender, die sich auf ein Land spezialisiert haben. Meist werden die Sorten nur kistenweise (mit sechs oder zwölf Flaschen, manchmal sind aber auch gemischte Kisten möglich) geliefert.

Vor- und Nachteile

Die Preise sind (meist) anständig kalkuliert, doch kommen bei kleineren Bestellmengen satte Versandkosten dazu! Seriöse Versender sind oft der einzige Weg, um an die besonders guten und raren Weine zu kommen. Lesen Sie die Kataloge kritisch – so merken Sie, ob Sie sich auf den Anbieter verlassen können. Gute Versender schicken eine Rechnung und nehmen beschädigte wie auch fehlerhafte Weine zurück. Eine Rückgabe ist oft sogar möglich, wenn der Wein Ihnen nicht zusagt.

 Profitipp

Für die heimische Weinprobe gibt es gemischte Pakete zum Testen mit einem Preisabschlag.

Wein im Internet

Die ganze Welt für Wagemutige. Vom kleinen Winzer bis zum Weinmulti, mit wenigen Mausklicks gehen Kisten auf die Reise. Viele Homepages sind professionell gemacht und bieten reichlich Informationen, andere sind karg und lieblos (was aber nicht unbedingt etwas über die Qualität der Weine aussagt). Für kleine Händler ist der Weinverkauf übers Internet meist wenig lukrativ, obwohl sie sehr engagiert sind. Das hat nichts mit guter oder weniger guter Qualität zu tun, sondern damit, dass Weinkauf auch Geschmackssache ist. Und Geschmack ist so vielfältig, dass er kaum durch Abbildungen von Etiketten und kurze Beschreibungen vermittelt werden kann. Allerdings findet man im Internet oft aussagekräftige Verkostungsnotizen von Weinbegeisterten zu speziellen Weinen.

Basisangebot

Vor allem einfache bis mittlere Qualitäten aus aller Welt von Großhandelsunternehmen. Jedoch bieten auch kleine Weingüter ihre Erzeugnisse auf diesem Weg an. Selbst über Ebay und Co. werden immer häufiger Spitzenweine an den Mann oder die Frau gebracht.

Vor- und Nachteile

Preise lassen sich vergleichen, wenn man Suchmaschinen einsetzt. Auf die Versandkosten achten! Seriöse Anbieter geben ihre Adresse an, liefern mit Rechnung (nicht Nachnahme) und nehmen den Wein zurück, wenn er nicht den Erwartungen entspricht.

VORSICHT, GLATTEIS! VORSICHT, GLATTEIS! VORSICHT, GLATTEIS! VORSICHT, GLATTE

Weine aus Internet-Versteigerungen sind fast immer zu teuer. Um auf diesem Weg an gute Qualitäten zu kommen, muss man sich sehr gut auskennen.

Probierpakete

Weinversender und Winzer bieten fast immer
auch Probierpakete an. Diese können einen Quer-
schnitt durch das Sortiment darstellen, damit später
der Kunde die Sorten, die ihm schmecken, kistenweise
nachordert. Oder sie sind nach einem bestimmten
Motto zusammengestellt wie: Weißweine aus Italien,
Riesling trocken gegen feinherb, Chardonnays aus
Burgund und der übrigen Welt. Solche Pakete sind für
die heimische Weinprobe mit Freunden gedacht. Meist
liegen auch ausführliche Beschreibungen der Weine
dabei und Empfehlungen, in welcher Reihenfolge die
Weine probiert werden sollten. In der Regel sind diese
Probierpakete deutlich günstiger als die Summe der
Einzelflaschenpreise, oft ist der Versand inklusive.

Deutsche Weingüter

Viele deutsche Winzer, Weingüter oder Winzergenos-
senschaften bieten über ihre Website die Möglichkeit,
Probierpakete oder Probiersortimente zu bestellen.
Das können Zusammenstellungen nach Geschmacksrichtungen wie »trocken«, »feinherb« oder »lieblich/
mild«, aber auch nach bevorzugten Rebsorten wie
Riesling von verschiedenen Lagen und Qualitätsstufen
oder Spätburgunder sein, oder auch Pakete wie »rot«
mit Rotweinen aus unterschiedlichen Rebsorten.

Vor- und Nachteile

Ein Probierpaket kann wie der Besuch bei einem
Winzer sein, nur dass die interessanten Weine in
Ruhe (und ohne Promillestress) zu Hause getestet
werden können. Viele Weingüter stellen auch gern
ein Wunsch-Probiersortiment nach Ihren Vorlieben
zusammen. Vorsicht: Bei manchen Internetbestel-
lungen ist Vorauskasse Bedingung. Seriöse Anbieter
allerdings sind kundenfreundlich und versenden
per Rechnung oder Nachnahme.

Etiketten lesen

Die »Visitenkarten« der Weine sind meist so gestaltet, dass sie eine bestimmte Zielgruppe ansprechen. Allerdings gibt es in Europa auch gesetzliche Vorschriften dafür, was auf dem Etikett stehen muss:

Die Bezeichnung des Weins

Traditionelle Weinbauländer (Deutschland, Österreich, Frankreich, Italien) stellen meist eine Region in den Vordergrund (Rheingau, Wachau, Bordeaux oder Chianti). Für die »Neue Welt« (Kalifornien, Chile, Argentinien, Australien, Südafrika) sind die Rebsorten wichtiger (Zinfandel, Merlot, Cabernet Sauvignon, Pinotage). Manche Industrieweine tragen Markennamen wie »Filou«, »Amselkeller« oder »Katzenstriegel«.

Der Jahrgang

Das Jahr, in dem die Trauben geerntet wurden. Je weiter das Erzeugerland vom Äquator nach Norden oder nach Süden entfernt ist, umso deutlicher sind die Unterschiede von Jahr zu Jahr. Bei Ländern mit gleichmäßigerem Klima sind die Jahrgänge eher zu vernachlässigen. Ausnahme: Bei Industrieweinen aus Massenproduktion ist oft kein Jahrgang angegeben.

Der Alkoholgehalt

Ist in »Volumenprozent« auf jeder Flasche angegeben. Je höher der Alkoholgehalt, desto »schwerer« ein Wein, desto weniger verträgt man davon. »Leichte Weine« liegen unter oder um 10 Volumenprozent, stammen in Deutschland vor allem aus nördlicheren Anbaugebieten wie Ahr und Mosel, sind aber auch in Portugal als leichte, prickelnde Weine (»Vinho Verde«) sehr beliebt. Mittelschwere Weine liegen bei etwa 12 Volumenprozent und sind meist gute Begleiter zum Essen, weil sie den Appetit anregen, ohne zu schnell »satt« zu machen.

Weine mit 14 und mehr Volumenprozent stammen oft aus der Neuen Welt, wo das heiße Klima für hohe Alkoholgehalte sorgt und zudem voluminöse, kräftige Weine gefragt sind. Allerdings geht auch hier der Trend zu leichteren, eleganteren Weinen.

Der Erzeuger

(oder Abfüller, → S. 28). Das kann ein kleiner Winzer sein, der in seinen Weinbergen die Reben umsorgt, die Trauben zum rechten Zeitpunkt erntet und zu Wein verarbeitet. Bei deutschsprachigen Etiketten steht aber häufig auch dann »Erzeugerabfüllung« auf dem Etikett, wenn der Wein von einer Genossenschaft auf Flaschen gefüllt wird. Das ist nur zulässig, wenn ausschließlich eigene oder von Mitgliedern geerntete Trauben verarbeitet werden. Bei Weinen der Neuen Welt ist der Name des Erzeugers sozusagen die Marke und neben dem Preis außerdem oft der einzige Hinweis auf die Güteklasse des Weins.

Oft findet man auf Weinetiketten, hier ein Rückenetikett, Angaben zur Weinherstellung und Servierempfehlungen.

2010
WEISSER BURGUNDER
Deutscher Qualitätswein trocken
AP-Nr. 50660122911
Gutsabfüllung · Weingut Friedrich Becker
D-76889 Schweigen · wein@friedrichbecker.de

Dieser elegante, erfrischend saftige Weiße Burgunder von
„SCHWEIGENER"
Kalkstein und Lehmböden ist dies- und jenseits der
südpfälzisch-elsässischen Grenze gewachsen.
Nach selektiver Handlese wurde er schonend vergoren
und reifte 7 weitere Monate auf seiner Hefe.
Hierdurch verfeinerte er seine fruchtig, animierenden Aromen
von Birne, Mirabelle, Lindenblüte und Melone.

PFALZ

Enthält Sulfite
750 ml
12,5 % vol

Etiketten verstehen

Um Weine richtig einordnen zu können, ist das Kleingedruckte auf dem Etikett oft der wichtigste Anhaltspunkt. Da das Gesetz auf dem Hauptetikett nur wenige Informationen erlaubt, nutzen viele Abfüller die Möglichkeit, auf einem zweiten Etikett (dem Rückenetikett) die Weine näher zu beschreiben.

Vor allem bei Weinen, die für den Selbstbedienungshandel abgefüllt werden, findet man auf dem Rückenetikett Angaben darüber, aus welcher Region sie stammen, welche Rebsorten verwendet wurden, mit welcher Temperatur sie serviert und ob sie vorher dekantiert werden sollen und wie lange sie lagerfähig sind. Dazu gibt es oft ausführlichere Weinbeschreibungen und Empfehlungen, mit welchen Gerichten sie harmonieren. Allerdings sollte man diese Angaben, vor allem wenn sie sehr blumig formuliert sind, nicht allzu ernst nehmen.

Seit November 2005 muss auf den Etiketten »enthält Sulfite« stehen, wenn bei der Herstellung des Weins Schwefel zugesetzt wurde, was fast immer der Fall ist. Das gilt nicht für Weine, die vor diesem Zeitpunkt abgefüllt und etikettiert wurden.

Der Abfüller

Meist in kleiner Schrift auf Haupt- oder Rückenetikett angegeben. Das ist das Unternehmen, das den Wein in Flaschen füllt. Kleine Erzeuger (→ S. 27) verfügen oft nicht über die notwendigen Anlagen zur Flaschenfüllung und geben ihren Wein einem Betrieb, der diese Arbeit übernimmt. In Deutschland werden noch viele einfache Weine als Fassware von den Winzern an Abfüller verkauft.

Auf französischen Etiketten steht »Mis en bouteille« (auf Flasche gefüllt). Folgt darauf ein »au domaine« oder »au château«, so ist der Erzeuger auch der Abfüller. Steht dagegen ein »mis en bouteille par«, so handelt es sich um einen Fremdabfüller.

RSICHT, GLATTEIS! VORSICHT, GLATTEIS! VORSICHT, GLATTEIS! VORSICHT, GLATTEIS!

Taucht der Abfüller nur mit einem Kürzel (wie »F. M.«) und einer Postleitzahl auf, handelt es sich meist um eine einfache Massenweinabfüllung.

Geschmacksangabe

Wie ein Wein schmeckt, steht oft auf dem Hauptetikett:
Trocken, sec (franz.), secco (ital.), seco (span.) bedeutet herb.
Feinherb, mild oder süß, doux (franz.), dolce (ital.), dulce (span.) deutet auf einen lieblich-süßen Wein hin.

Profitipp

Steht bei deutschen Weinen keine Geschmacksangabe auf dem Etikett, ist er nicht trocken. Steht bei ausländischen Weinen nichts drauf, ist er in der Regel trocken.

Der Importeur und andere Angaben

Er ist auf dem Rückenetikett ausländischer Weine vermerkt und kann ein Hinweis darauf sein, ob es sich um einen einfachen oder einen besseren Wein handelt (traditionsreiche Importhäuser bringen unter ihrem Namen nur anständige Weine auf den Markt).
Manchmal wird die Methode des Ausbaus (→ S. 152) angegeben, zum Beispiel »Ausbau im Barrique«. Das heißt, der Wein reifte in neuen, kleinen (sehr teuren) Fässchen aus Eichenholz. Das verleiht dem Wein kräftige Aromen, macht ihn aber teuer. Steht auf französischen Flaschen »Fût de chêne« oder auf spanischen »Barrica«, kommt der Wein aus kleinen Holzfässern; es können aber auch ältere gewesen sein, die kaum noch Aromen abgeben. Der Hinweis »sur lie« bedeutet, dass die Weine bis zur Abfüllung auf ihrer Hefe bleiben und dadurch spritzig und blumig schmecken.

Weinklassifikation

Die europäischen Länder haben sich auf eine einheit-
liche Weinklassifikation geeinigt, bei der die Herkunft
und der Höchstertrag im Vordergrund stehen. Allerdings dürfen die alten Bezeichnungen weiterhin verwendet werden. Ordnungsprinzip ist eine Pyramide,
deren breite Basis die Menge der einfachen Weine dar-
stellt. Darüber liegen die sehr guten Weine, von denen
es schon weniger gibt. Die Spitze bilden die Premium-
und Super-Premium-Weine, die rar und teuer sind.

Basisweine

Der bisherige »Tafelwein« heißt jetzt zum Beispiel
»Deutscher Wein« oder »Vin de France« ohne nähere
Herkunftsbezeichnung. Bei einfachen Trinkweinen
können – neu – Jahrgang und Rebsorte genannt werden. Etwas anspruchsvoller: Landwein (nun: Wein mit
geschützter geografischer Angabe) aus begrenzten Gebieten und bestimmten, für diese Gebiete zugelassenen
Rebsorten. Als Übergang zur nächsten Stufe gibt es in
Frankreich noch einige Zeit die VDQS-Weine (Vin Dé-
limité de Qualité Supérieure).

Q.b.A. (Weine mit Ursprungsbezeichnung)

Qualitätsweine bestimmter Anbaugebiete (bisher
DAC österr. Districtus Austriae Controllatus, AOC frz.
Appellation d'Origine Contrôlée, DOC ital. Denomina-
zione di Origine Controllata, DO span. Denominación
de Origen).
  Das System, an dem sich die Qualitätsstufen orientie-
ren, ist die französische AOC, die für ein bestimmtes
Gebiet die zulässigen Rebsorten und den Anbau, die
Ertragsmenge und den Reifegrad der Trauben bei der
Ernte sowie die Weinbereitung gesetzlich vorschreibt.
Diese Regelung ist nun für alle Weinbaugebiete der EU
verbindlich. Die Ursprungsbezeichnung benennt ein
definiertes Gebiet, eine Lage oder einen Ort. Die Trau-

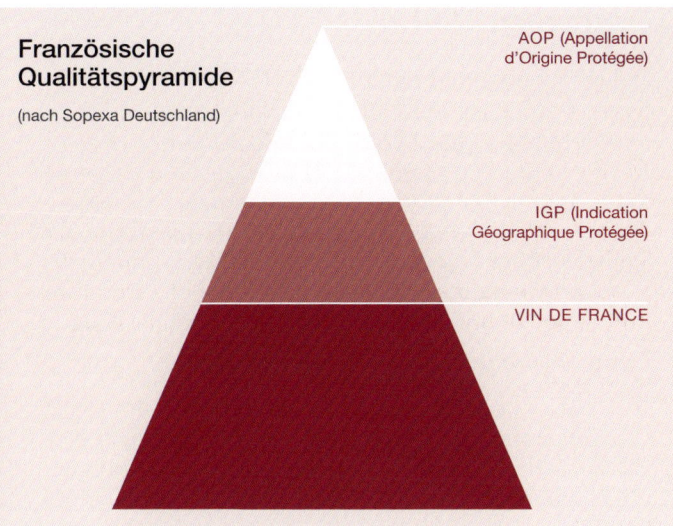

**Französische
Qualitätspyramide**

(nach Sopexa Deutschland)

AOP (Appellation
d'Origine Protégée)

IGP (Indication
Géographique Protégée)

VIN DE FRANCE

ben dürfen nur aus dieser Region stammen und der
Wein muss dort hergestellt werden. Außerdem muss
der Wein in seiner Güte und seinem Charakter den
regionalen Gegebenheiten und der Tradition entspre-
chen. Die traditionell gebräuchlichen Weinnamen
dürfen aber weiterhin verwendet werden. Die Angabe
»geschützte Ursprungsbezeichnung« ist auf dem Etikett
nicht zwingend nötig.

 Profitipp

Die Bezeichnungen »Wein aus …« oder »Wein mit geografischer Angabe« sind wohl weiterhin auf teuren
Flaschen zu finden, wenn Winzer Traubensorten verwenden, die für ihr Gebiet nicht zugelassen sind, oder
keinen Wert auf die Qualitätsbezeichnung nach amt-
licher Prüfung legen.

31

Premium-Weine

Jedes Weinbauland hat noch zusätzlich traditionelle Klassifikationssysteme für seine Spitzenweine. Oft sind schon die Flaschen besonders gekennzeichnet. In Deutschland tragen diese Weine das Gütesiegel des VDP (Verband deutscher Prädikatswinzer). In Italien sind die Flaschen mit einer rosa Banderole gekennzeichnet. Österreichische Premium-Weine erkennt man an der rot-weißen Kapsel.

Deutschland und Österreich

In beiden Ländern werden Weine oberhalb der Qualitätsweinstufe (mit Ursprungsbezeichnung) nach dem Zuckergehalt (Mostgewicht) der geernteten Trauben eingestuft: Kabinett, Spätlese, Auslese, Beerenauslese und Trockenbeerenauslese. In der Wachau gibt es die Qualitätsstufen Steinfeder, Federspiel und Smaragd. Als Besonderheit gibt es noch den Eiswein aus bei der Ernte gefrorenen Trauben. Je höher das Prädikat, desto mehr unvergorener Zucker ist noch im fertigen Wein enthalten.

Deutsche Pyramide

Sie steht Kopf – es gibt nur wenig deutsche Tafelweine (»Wein aus Deutschland«), dafür zählt mehr als die Hälfte zu den Spitzenweinen. Deshalb verwenden Topweingüter Bezeichnungen wie »Erstes« oder »Großes Gewächs«, »Selection« oder einfach »S« (für Spätlese), »R« (für Reserve) oder Sterne, um ihre besten Weine zu kennzeichnen. Eine Vereinheitlichung ist in Arbeit. Künftig können genau umrissene »Grand-Cru-Lagen« den Schutz einer Ursprungsbezeichnung beantragen.

Medaillen

Bronzene, silberne oder goldene Medaillen kennzeichnen höherwertige Weine. Sie geben an, dass dieser

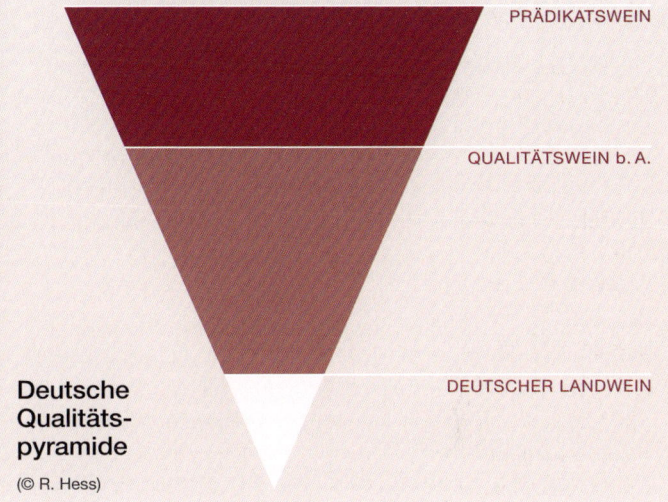

PRÄDIKATSWEIN

QUALITÄTSWEIN b. A.

Deutsche Qualitäts-pyramide

(© R. Hess)

DEUTSCHER LANDWEIN

Wein bei einem Weinwettbewerb besser war als andere. Teilnahme und Medaillen kosten Geld, deshalb kann ein gleich teurer Wein ohne Medaille besser sein.

Italien und Spanien

Nicht einzelne Weine, sondern ganze Regionen erhielten das Prädikat »Spitzenklasse«, wie Chianti Classico als »Denominazione di Origine Controllata e Garantita« (DOCG) oder Rioja als »Denominación de Origen Calificada« (DOCa). Besonders gute Jahrgänge werden länger in Fässern und Flaschen gereift und dürfen dann ital. »Riserva« oder span. »Reserva« genannt werden.

Frankreich

Die oberste Spitze bilden die »Crus«, eine Klassifizierung nach besonders guten Lagen, die wiederum in verschiedene Stufen eingeordnet werden.

Weinpreise

Nichts ist schwieriger zu beurteilen als der reelle Wert einer Flasche Wein. Einerseits ist sie eine Handelsware, bei deren Herstellung Kosten anfallen und die Gewinn bringen soll. Andererseits ist sie ein Gut, ein Kulturgut oder gar Kult. Dabei gelten andere Regeln, die nichts mit mathematischen Berechnungen zu tun haben.

Kosten

Die Flasche mit Etikett, Kapsel und einem guten Kork-stopfen kostet einen Winzer etwa 70 Cent. Ohne Inhalt! Für den Händler kommen Transport- und Lagerkosten, Ladenmiete, Mitarbeiterlöhne und Steuern dazu. Und seinen Lebensunterhalt will er auch davon bestreiten. Also wird er die Flasche vielleicht für knapp zwei Euro verkaufen. Immer noch ohne Wein. Für einen ordentli-chen Inhalt kämen noch einmal geschätzte drei Euro dazu. Das wären fünf Euro für eine volle Flasche.

Billigweine

Sind nur mit extremer Rationalisierung herzustellen. Die Rebstöcke werden zu höchsten Erträgen gebracht (weit über 100 Hektoliter pro Hektar), die Trauben werden maschinell geerntet, der Wein von Großabfül-lern containerweise eingekauft und weiterverarbeitet, biotechnische Methoden wie Einsatz von spezialisier-ten Weinhefen, Enzymen und speziellen Klärtechniken sind unumgänglich. Die Weine sind dem allgemeinen Geschmack angepasst, haben weder Höhen noch Tie-fen, sind aber lebensmitteltechnisch in Ordnung und preisgünstig.

Individuelle Weine

Von Winzern oder Genossenschaften (Zusammen-schlüsse von Winzern) handwerklich hergestellte Weine. Die Rebstöcke werden gepflegt und ihr

Ertrag reduziert. Die Trauben werden nach Reifegrad geerntet (oft von Hand mit Erntehelfern) und getrennt nach Weinbergen zu Wein verarbeitet. Die Weine spiegeln ihre Herkunft und den Jahrgang wider, der Geschmack wird durch Natur und Winzerwissen bestimmt, preislich liegen sie in der Mittelklasse.

Spitzenklasse-Weine

Von Winzern oder Weingütern produzierte Weine der Sonderklasse. Die Rebstöcke anerkannt guter Weinberge werden gehegt und gepflegt, der Ertrag wird extrem niedrig – teils um 30 Hektoliter pro Hektar – gehalten. Die Lese der voll ausgereiften Trauben erfolgt per Hand, unreife oder verfaulte Beeren werden aussortiert. Die Weinbereitung ist aufwendig und der Ausbau, die Reifung bis zum fertigen Wein, dauert lang. Eine Lagerung in neuen Barriques (→ S. 152) verteuert den Wein weiter: Die Fässchen mit 225 Liter Inhalt kosten je rund 500 Euro und füllen gerade 300 Flaschen mit 750 ml Inhalt. Und nach drei Jahren müssen sie bereits ersetzt werden! Diese Weine liegen (oft sehr weit) über der 15-Euro-Marke. Allerdings: Wenn Weine 50 Euro oder mehr kosten, so liegt das nicht mehr am Herstellungsaufwand, sondern daran, dass es Leute gibt, die diesen Preis zu zahlen bereit sind.

Wein im Handel

Wer Wein verkauft, will natürlich ebenfalls dabei verdienen. Dem einen genügen vielleicht 30 Prozent, der andere kalkuliert mit 50 Prozent Aufschlag auf den Einkaufspreis. Bei Sonderangeboten, die Kunden anlocken sollen, ist die Verdienstspanne oft gleich Null. Wie unterschiedlich Preise sein können, erfährt man bei der Suche nach bekannten Weinen im Internet. Der Weinfachhandel hat aber noch ein weiteres Problem: Bietet er preiswerte Weine an, muss er um seine Akzeptanz bei den Kunden fürchten. Also wird er sie vielleicht teurer verkaufen, als er eigentlich möchte.

WEIN DAHEIM

Mit dem perfekten Weingenuss ist es wie
mit dem Erlernen einer fremden Sprache:
Zuerst versteht man nur ein bisschen was,
wenn man aber regelmäßig übt, klappt es
mit der Verständigung auf einmal wie von
selbst. Deshalb sollte man auch zu Hause den
fachgerechten Umgang mit dem Wein immer
wieder trainieren, bis die Abläufe in Fleisch
und Blut übergegangen sind. Dann kann
auch bei Einladungen oder im Restaurant
nichts mehr schiefgehen.

Welcher Wein der richtige ist

Jahrelang wurde uns eingeredet, Kenner würden nur trockenen Wein trinken. Und so quälen sich viele mit herben, sauren Tropfen ab, obwohl sie viel lieber einen milderen Wein trinken würden. Besser, als auf andere zu hören, ist es, die eigenen Vorlieben zu erforschen und dann nur den Wein zu trinken, der einem wirklich gut schmeckt.

Geschmacksprobe

Wie trinken Sie Ihren Kaffee am liebsten? Mit viel Zucker und Milch? Oder nur mit etwas Milch? Am liebsten schwarz? Oder trinken Sie lieber Tee, herb mit einem Schuss Zitronensaft, sanfter mit etwas Milch oder süß mit reichlich Zucker oder Kandis? Zwei Dinge kommen hier zusammen: die Familientradition, die oft in regionalen Gepflogenheiten wurzelt, und die persönliche Geschmacksentwicklung, die jeder mit der Zeit durchläuft. Zwar wechselt der Geschmack oft mit der Tages- oder Jahreszeit und auch mit dem Alter, aber Ihre grundsätzlichen Gewohnheiten sagen schon etwas darüber aus, ob Ihnen eher ein fruchtig-milder, ein halbtrockener oder feinherber oder ehrlich und tatsächlich ein durchgegoren-trockener Wein schmeckt.

Auch hier gilt: Die Vorliebe kann sich mit der Tageszeit oder mit zunehmender Weinerfahrung ändern, vor allem dann, wenn Sie Wein nicht als Durstlöscher, sondern als Begleiter zum Essen sehen, so wie es unsere Nachbarn in Frankreich und Italien tun. Für diese ist der Wein fast ausschließlich ein »Esstischgetränk«, das weder ein intensives Degustieren und Diskutieren noch tiefsinnige Überlegungen erfordert, das einen nicht zu hohen Alkoholgehalt hat und möglichst zu allen Gerichten schmeckt. Ein herzhaftes Essen macht auch einen Wein schmackhaft, den wir sonst als zu herb oder zu säurebetont empfinden würden – was aber nicht krachsauer und kratzbürstig bedeuten muss.

Geschmacksentwicklung

Am Anfang ihrer »Weinkarriere« bevorzugen viele Menschen füllige, beerenfruchtige, süße Weine mit viel Alkohol, zum Beispiel gehaltvolle Rotweine aus Übersee. Man könnte sie auch »Powerweine« nennen. Sie sind die geschmackliche Entsprechung zu süßer Cola, alkoholischen Cocktails und Schokoriegeln mit viel Geschmack im Mund. Dagegen ist nichts einzuwenden, nur sollte man trotzdem immer mal wieder eine andere Stilrichtung probieren. Vor allem zu einem leichten Essen oder im Sommer auf der Terrasse ist vielleicht ein weniger üppiger Wein doch besser geeignet. Es muss ja nicht gleich ein staubtrockener Moselriesling sein, den auch eingefleischte »Trockentrinker« erst nach langer Übung zu schätzen lernen.

Die Schwierigkeit, herbe Weine zu akzeptieren, liegt in der menschlichen Urerfahrung, dass der Geschmack süß für nährstoffreich, bekömmlich und wohltuend steht. Süßigkeiten als Belohnung, Apfelsaftschorle als Kindergetränk, Zucker im Toast und im Burgerbrötchen verhindern heute mehr und mehr die Erfahrung, dass es auch noch andere Geschmacksrichtungen gibt. Vor allem die Empfindungen »herb« wie roher Rhabarber oder »sauer« wie Zitrone sind ausgesprochen unbeliebt.

Die eigenen Vorlieben ergeben sich aus einem komplexen Wechselspiel von frühkindlichen Erfahrungen, angenehmen oder unangenehmen Erinnerungen beim Ausprobieren neuer Gerichte und Getränke, der lebenslangen Erfahrung und dem Alter. Nach etwa 60 Lebensjahren geht der Geschmackssinn langsam, der Geruchssinn stärker zurück.

Profitipp

Seien Sie neugierig! Erweitern Sie Ihr Geschmacksempfinden – am besten mit einer Vielzahl an unterschiedlichsten Weinen.

Alltagsweine

Den Begriff »Tischwein« gibt es leider nicht in unserem Weingesetz. Wir benutzen die Bezeichnung »Tafelwein« für die einfachste Kategorie (→ S. 30), obwohl der Name sich anhört, als handle es sich um ein Getränk für die fürstliche Tafel.

Ein »Tischwein« ist nach unserer persönlichen Definition ein einfacher, unkomplizierter, gut gemachter Wein, der sich als Schoppen für jeden Tag mit den verschiedensten Gerichten verträgt und zu vielen Gelegenheiten passt. Ein Wein also, der einfach Lust zum Trinken macht und von dem sich auch ein zweites Glas genießen lässt, ohne dass man das Gefühl hat, satt oder des Geschmacks überdrüssig zu sein.

Was guten Wein auszeichnet

Die allgemein gültigen Eigenschaften eines »guten« Weins für alle Tage zu beschreiben ist schwieriger, als die Vorzüge eines »großartigen« Weins (→ S. 35) zu preisen. Gute Weine erkennt man nicht an der Flasche, nicht am Etikett und nicht am Preis. Nur im Glas beim Probieren zeigt es sich, ob ein Wein objektiv gut ist und subjektiv dem persönlichen Geschmack entspricht. Anständige Tischweine gibt es sowohl unter Weißweinen als auch unter Rotweinen. Auch nicht zu süße Roséweine sind oft vielseitige Essensbegleiter.

Probieren

Erstes Merkmal ist die Farbe. Der Wein muss klar sein und im Glas leuchten. Trübungen können bereits auf Weinfehler hinweisen. Zweiter Anhaltspunkt ist der Duft (→ S. 58). Der Wein muss frisch und angenehm riechen, es dürfen keine störenden (säuerliche, kohlige) Düfte in die Nase steigen. Schmecken soll er spritzig, jung, fruchtig nach Obst und Beeren, nicht zu üppig oder voll, sondern eher rund. Im Mund hinterlässt er nirgendwo ein Brennen oder Beißen, er kratzt nicht, eckt nicht an und erzeugt auch kein zusammenziehendes oder sandiges Gefühl am Gaumen, sondern wirkt geschmeidig. Nach dem Hinunterschlucken bleibt ein angenehmes Gefühl zurück. Von einem solchen Wein mag man gern ein Glas mehr trinken, bereut es aber auch nicht, einen ordentlichen Schuss zum Kochen zu verwenden, weil ein Wein dieser Kategorie ja moderat im Preis ist.

Kombinieren

Im Zusammenspiel mit dem Essen muss der Wein zeigen, dass er sich anpassen kann. Er sollte zu möglichst vielen unterschiedlichen Gerichten schmecken, zu Brot, Wurst und Schinken ebenso wie zu Eintöpfen, Spaghetti mit würziger Tomatensauce, gebratenem Fisch oder einem deftigen Gulasch. Dabei darf der Wein keine zu ausgeprägten Aromen haben und das Essen nicht übertrumpfen.

Nachwirken lassen

Wie bekömmlich ist der Wein? Erzeugt er Sodbrennen oder Kopfschmerzen, macht er unruhig, schläft man in der Nacht nicht gut, hat man am nächsten Tag einen dicken Kopf? In diesem Fall ist bei der Weinbereitung unsauber gearbeitet worden.

Profitipp

- Gute »Tischweine« finden Sie eher bei alten Rebsorten wie Gutedel, Grüner Veltliner, Silvaner, Trollinger und Zweigelt als bei »Modesorten« wie Sauvignon blanc und Cabernet Sauvignon.
- Feine »Tischweine« kommen eher aus klassischen, kühleren Weinbaugebieten als aus den heißen Gebieten der Neuen Welt, wo die Weine oft sehr füllig sind und zu hohe Alkoholwerte erreichen.

Wein und Wasser

In südlichen Ländern ist es selbstverständlich, zum Wein auch Wasser zu trinken: Das Wasser gegen den Durst, den Wein zum Genießen. Auch bei uns sollte neben jeder Flasche Wein eine Flasche Wasser stehen. Wein, genauer der Alkohol darin, regt die Nieren zu verstärkter Tätigkeit an, der Körper scheidet mehr Flüssigkeit aus – und die muss wieder ersetzt werden.

Das Wasser zum Wein sollte möglichst neutral schmecken und nicht zu viel Kohlensäure enthalten, sonst macht es zu schnell »satt«. Wer erstklassiges Wasser aus der Leitung bekommt, kann auch stilles oder mit dem Aquasprudler leicht mit Kohlensäure versetztes Wasser zum Wein trinken. Egal welches Wasser – es sollte nicht zu kalt sein, 12 °C sind kühl genug.

Faustregel

Auf je 10 g Alkohol ¼ l Wasser trinken. Ein Glas Weißwein mit 0,2 l enthält gut 20 g Alkohol – ½ l Wasser zur Ergänzung wäre also richtig. Ein ebenso großes Glas kräftiger Rotwein bringt es auf 25 g Alkohol – eine handelsübliche Mineralwasserflasche bringt den Verlust wieder ins Lot. Über 2 l Wasser zu jeder Flasche Rotwein hört sich nach viel an, aber wer es einmal probiert hat, weiß die positive Wirkung zu schätzen.

Nebeneffekt

Viel Wasser zu trinken hat noch weitere Vorteile. Eine große Flüssigkeitsmenge weitet den Magen, der Alkoholgehalt des Weins verteilt sich also über eine größere Fläche der Magenschleimhaut, wo er bereits etwas abgebaut wird. Außerdem geht der Wein langsamer durch den Magen in den Darm über. Da durch beide Effekte im Magen schon mehr Alkohol abgebaut wird, gelangt weniger davon ins Blut, der Promillegehalt steigt also weniger stark an als ohne Wasser. Allerdings gilt das nur für kohlensäurearmes Mineralwasser. Bei stark sprudelnden Wässern tritt der Alkohol wie bei Sekt oder Prosecco schneller ins Blut über, die Wirkung wird rascher spürbar.

Erst Wasser, dann Wein

Die Reihenfolge ist wichtig. Ein großes Glas Wasser vorweg ist gut gegen den Durst, es reinigt die Geschmacksnerven und macht sich schon mal im Magen breit. Das Glas Wein kann danach mit Genuss und unverwässert getrunken werden. Nach dem Wein eine Pause machen und den Geschmack nachwirken lassen, dann geht es weiter mit Wasser.

Weinschorle

Ein erfrischender Durstlöscher ist eine Schorle oder ein »Gespritzter« aus halb Weißwein, halb sprudelndem Mineralwasser, beides möglichst kalt (aber nicht eiskalt). Zum Durstlöschen kann das Mischungsverhältnis auch zugunsten des Wasseranteils verschoben werden. Als Wein genügt ein ordentlicher Tischwein (→ S. 40), eine nicht zu intensive Süße wirkt durch das Verdünnen eher angenehm. Nicht zu stark sprudelndes Mineralwasser, also »Medium«, ist günstiger, sonst wird die Mischung durch die Kohlensäure zu sauer. Manche mögen auch Weinschorle aus Rotwein, dieser darf aber nicht zu tanninreich (→ S. 153) wie zum Beispiel ein Cabernet Sauvignon sein, sonst schmeckt die Mischung mit Wasser bitter. Am ehesten sind Südtiroler Vernatsch, leichter Merlot oder Tempranillo für eine Rotweinschorle geeignet.

VORSICHT, GLATTEIS! VORSICHT, GLATTEIS! VORSICHT, GLATTEIS! VORSICHT, GLATTEIS!

Ein stark sprudelndes und dadurch saures Mineralwasser lässt einen Wein mit viel Säure wie einen jungen Riesling noch saurer schmecken. Wählen Sie also ein stilles, neutral schmeckendes Wasser.

Die richtige Trinktemperatur

Die Regel, Weißwein kalt und Rotwein etwa mit Zimmertemperatur zu servieren, ist im weitesten Sinne richtig, wenn man sie nicht sklavisch anwendet. Einfach ausprobieren, wie einem ein bestimmter Wein selbst am besten schmeckt. Für den Alltag genügt die Handprobe – fühlt sich die Flasche eiskalt, kühl oder warm an? Zu warm sollte kein Wein getrunken werden, sonst riecht und schmeckt er zu alkoholisch und die Säure macht sich zu sehr bemerkbar. Zu kalt ist ebenso ungünstig, weil dann die Süße eines Weins im Mund untergeht. Wenn einem also ein Wein zu lieblich erscheint, kann man ihn einfach stärker kühlen.

Für die genauere Bestimmung der Temperatur gibt es im Fachhandel spezielle Weinthermometer. Man kann zwischen zwei Ausführungen wählen: Manschetten, die man um die Flasche legt, zeigen nur die Temperatur des Flaschenglases, nicht die des Inhalts an, sind allerdings auch für ungeöffnete oder halb volle Flaschen geeignet. Weinthermometer, die in den Wein getaucht werden, zeigen die tatsächliche Temperatur der Flüssigkeit, funktionieren aber nur bei vollen, geöffneten Flaschen oder im Glas.

Leichte Weißweine und Sekt

Einfache, leichte Weißweine und Sekt werden am kältesten serviert, 6 bis 8 °C sind für sie optimal. Die Flaschen im Kühlschrank an der kühlsten Stelle, also direkt über dem Gemüsefach, platzieren. Der Wein braucht vier bis sechs Stunden, bis er die gewünschte Temperatur erreicht hat. Schneller geht es im Gefrierfach, beim Schockfrosten sinkt die Weintemperatur um etwa 1 °C pro Minute. Ein Weißwein von 20 °C ist also in etwa 20 Minuten auf 10 °C gekühlt. Kurzzeitwecker stellen! Kühlmanschetten, die im Gefrierfach gefrostet und dann um die Flasche gelegt werden, bringen die Flaschen in etwa 15 Minuten auf die gewünschte Temperatur.

Rosé- und gehaltvollere Weißweine

Je mehr »Substanz« ein Wein hat, umso weniger kalt
wird er serviert, denn die Süße kommt erst bei höheren Temperaturen auf der Zunge zur Geltung. Roséweine, klassische Rieslinge und Grüner Veltliner,
Chardonnay und Pinot grigio vertragen etwa 10 °C.
Faustregel: Fülligere Weißweine und Rosés drei
bis vier Stunden vor dem Öffnen in den Kühlschrank
stellen. Schwere und edelsüße Weißweine sowie edle
Champagner schmecken bei einer Temperatur um
12 °C am besten.

Profitipp

Gehaltvolle Weißweine, die lange in Holzfässchen
(Barriques) gelagert wurden, werden am besten
mit etwa 12 °C serviert – bei zu kalten Trinktempe-
raturen drängen sich die Holztannine zu sehr in
den Vordergrund.

Die exakte Temperatur eines Weins lässt sich nur mit einem
Weinthermometer messen.

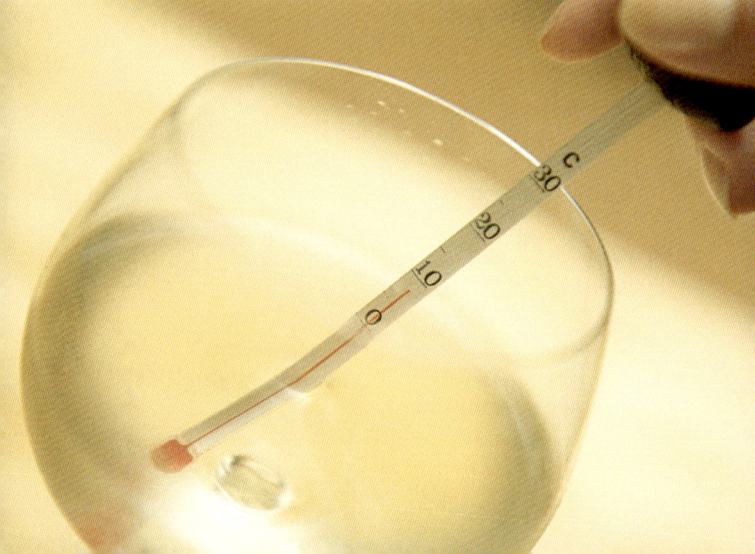

Sanfte Rotweine

Rotweine mit wenig Tannin (→ S. 153), etwa Weine aus der Gamay-Traube (Beaujolais, Dôle), leichtere Merlots und Pinots noirs, Côtes du Rhône und Valpolicella sollten ebenfalls recht kühl mit 12 bis 14 °C serviert werden. So lassen sich die Aromen besser beurteilen und die Rotweine wirken besonders im Sommer erfrischend. In südlichen Ländern werden ohnehin die meisten Rotweine (zum Beispiel junge Tempranillos) gekühlt serviert – bei höheren Lufttemperaturen erwärmen sie sich eh schon schnell.

Kräftige Rotweine

Tanninreiche Weine, vor allem solche aus der Cabernet-Sauvignon-Traube, schmecken kühl sehr aggressiv. Die Gerbstoffe wirken umso markiger und bitterer, je kühler diese Rotweine serviert werden. Für sie ist eine Trinktemperatur von 16 °C optimal. Das ist kälter als die übliche Zimmertemperatur und entspricht eher Kellertemperatur. Ist der Rotwein beim Probieren leicht frisch im Mund, treten die Aromen stärker in den Vordergrund und der Alkohol wirkt nicht so dominant. Ab etwa 20 °C schmecken Rotweine weniger aromatisch, wirken flacher und alkoholischer.

👉 Profitipp

- Kühlen Sie sämtliche Weine lieber etwas stärker als zu wenig. Im warmen Zimmer und erst recht später im Glas erwärmen sich die Weine in kürzester Zeit.
- Falls Sie einen richtig kühlen Keller haben, reicht es, die Rotweinflaschen ein bis zwei Stunden vor dem Öffnen ins warme Zimmer zu stellen.
- Kalte, kräftige Rotweine, in großen und dünnwandigen Gläsern serviert, nehmen sehr schnell optimale Trinktemperatur an.

Weinflaschen öffnen

Vor dem Genuss steht der Verschluss. Meist ist das ein Korkstopfen, der die fantastische Eigenschaft hat, so elastisch zu sein, dass er den Flaschenhals luftdicht verschließt. Nachteil: Er kann unangenehme Korkschmecker (→ S. 114) verursachen und den Wein verderben. Und er kann beim Herausziehen abbrechen oder zerbröckeln, wenn er zu stark ausgetrocknet war. Deshalb gibt es immer mehr Alternativen wie Kunststoff- oder Glasstopfen, Kronkorken und Schraubverschlüsse.

Kapsel entfernen

Um die Echtheit des Weins zu garantieren und zum Schutz des Korkens ist das obere Flaschenende mit einer Hülse aus Plastik oder Metallfolie verhüllt, die entfernt werden muss. Bei Kunststoffkapseln ist oft ein Reißband vorhanden, das aber meist mitten im Abziehen den Geist aufgibt. Schneller und präziser geht das Entfernen aller Typen mit speziellen Kapselschneidern oder mit einem scharfen Messer, das an der oberen Kante der Bandmündung (Verbreiterung am Ende des Flaschenhalses) angesetzt und an dieser Kante entlang um die Kapsel herumgeführt wird. Das gelingt am einfachsten, wenn die Flasche dabei gedreht wird.
Bei Plastikkapseln über Korkstopfen oder Schraubverschluss ist die Messermethode am besten: mit einem scharfen Messer von unten nach oben einen Streifen der Kapsel abschneiden, den Rest einfach wegziehen. So lassen sich auch Schraubverschlüsse besser öffnen.

Siegellack

Viele Überseeweine haben keine Kapsel, sondern eine dicke Schicht aus Siegellack oder eine Pappscheibe über dem Stopfen. Diese nicht abziehen oder abbröseln, sondern einfach mit der Spitze des Korkenziehers durchbohren; so lässt sie sich ablösen, ohne zu krümeln.

Glasstopfen

Ein neuerer Verschluss für hochwertige Weine ist der Glasstopfen, der mit einem kleinen Silikonring die Flasche absolut dicht verschließt, geschmacksneutral ist und nach dem Anbruch wieder aufgesetzt werden kann. Zum Öffnen braucht man kein spezielles Gerät: die Metallkappe einmal drehen und abheben, dann die Flasche am Hals mit dem Daumen nach oben packen und den Stopfen mit dem Daumen leicht schräg wegdrücken.

Korkenheber

Im Gegensatz zum Korkenzieher, bei dem von Hand gezogen werden muss, hebeln die Korkenheber den Stopfen beim Drehen des Griffs von selbst heraus. Es gibt eine Vielzahl unterschiedlicher Modelle, die sich im Aussehen und in der Handhabung unterscheiden. Einfach zu bedienen sind jene Korkenheber, die von einem amerikanischen Ingenieur erfunden worden sind, paradoxerweise erkennbar am »Pull« (englisch: ziehen), das die meisten im Namen tragen. Das Gerät

Kronkorken, Schraubverschluss, echte und Kunststoffkorken.

wird mit seinen Wangen auf den Flaschenhals gesetzt
und die (meist teflonbeschichtete) Spindel mit dem
Handgriff im Uhrzeigersinn in den Korken gedreht, bis
dieser sich von selbst hebt und aus der Flasche gleitet.
Wird der Korken dann mit den Wangen festgehalten
und die Spindel gegen den Uhrzeigersinn gedreht,
kommt er wieder aus dem Gerät heraus.

Korkenzieher

Die verbreiteten, aber schwierig zu bedienenden Geräte
sehen aus wie ein »T«. Sie bestehen aus einem Holz-
griff (oft aus einem Stück Rebenwurzel) und einer Me-
tallspirale (dem Wendel), durch die sich ein Streich-
holz stecken lassen sollte (den Hohlraum nennt man
»Seele«) und die genau in der Mitte des Korkens senkrecht durch diesen hindurchgebohrt werden muss.
Ist das geschehen, muss der Korken mit beachtlicher
Kraft – wieder genau senkrecht – herausgezogen
werden. Sitzt der Korken sehr fest, muss die Flasche
zwischen den Knien senkrecht festgehalten und dann
am Gerät gezogen werden, bis es kräftig ploppt.
   Das geht im Familien- oder Freundeskreis noch an.
Bei anderen Gelegenheiten ist es besser, die Korken
schon vorher zu drei Vierteln aus der Flasche zu ziehen. Für das letzte Viertel benötigt man dann keinen
Korkenzieher mehr.

Hals säubern

Nach dem Entfernen des Stöpsels den Flaschenhals
mit einem Tuch (Küchentuch oder Serviette) säubern,
um Ablagerungen unter der Kapsel sowie Korkreste
zu entfernen. Wenn der Korken unter der Kapsel
verschimmelt war (was bei feuchter Lagerung öfter
vorkommt), den Halsrand mit einem angefeuchteten
Küchentuch abwischen.

Spezialkorkenzieher

Wenigstens ein zusätzlicher Korkenzieher für Problemfälle (und als Reserve) sollte im Haus sein. Die immer häufiger verwendeten Kunststoffstopfen haben schon manches teure Gerät auf dem Gewissen. Völlig untauglich sind dafür Korkenzieher, die mit Luftdruck die Stopfen aus der Flasche treiben sollen – mühsam zu handhaben und wenig stabil.

Kellnermesser

Ein Hebelwerkzeug mit integriertem Kapselschneider für Geübte und Profis, das es vom Wegwerf- bis zum Edelmodell gibt. So wird es verwendet: den Flaschenhals mit einer Hand umschließen, die Spirale (den Wendel) genau in die Mitte des Korkens setzen und senkrecht eindrehen. Wenn die Spirale fast im Stopfen verschwunden ist, den Metallarm auf den Flaschenhals aufsetzen und den Stopfen mithilfe der Hebelwirkung des Messergriffs herausziehen. Bei einer von französischen Sommeliers erfundenen Version ist der Metallarm zweigeteilt, sodass der Korken in zwei Stufen erst angehoben, dann herausgezogen werden kann und dadurch nicht so leicht bricht.

Profitipp

Den Metallarm auf dem Flaschenhals beim Heraushebeln fest zum Korken hin drücken, damit die Spirale immer genau senkrecht zur Flasche steht, sonst wird der Stopfen schräg herausgezogen und zerbröckelt.

Zweiarmiger Hebelkorkenzieher

Weitverbreitetes Modell, bei dem sich beim Eindrehen der Spindel zwei Hebel nach oben bewegen (nach der Siegerpose ihres einstigen Präsidenten von den Franzosen »de Gaulle« genannt). Der stabile und robuste Korkenzieher eignet sich gut für Kunststoffstopfen, die mehr Kraft erfordern als Korkstopfen. Das gleiche Modell in größerer Ausführung gibt es speziell für Prosecco-Korken.

Die Hebelkorkenzieher haben zwar keine »Seele«, wie sie echte Korkenzieher (→ S. 49) haben sollten, ziehen aber den Stopfen senkrecht nach oben (sofern sie vorher gerade eingebohrt wurden) und benötigen weniger Kraftaufwand als zum Beispiel ein Kellnermesser. Bei ausgetrockneten Korken versagen Hebelkorkenzieher allerdings häufig und ziehen nur Brösel aus der Mitte.

Doppelklingenzieher

Eher als »Ah-So-Korkenzieher« bekannt. Zwei Stahlfedern werden wippend ganz langsam zwischen Korken und Glas in den Flaschenhals geschoben. Dann wird der Griff gedreht und der Stopfen unter ständigem Drehen vorsichtig herausgezogen. Dieses Modell ist oft die letzte Rettung, wenn der Korken ausgetrocknet und bröckelig oder zu sehr durchfeuchtet ist. Auch bei abgebrochenen Korken kann man Doppelklingenzieher vorsichtig anwenden.

SICHT, GLATTEIS! VORSICHT, GLATTEIS! VORSICHT, GLATTEIS! VORSICHT, GLATTEIS!

- Zieher wie Heber beißen sich an zähen Kunststoffstöpseln oft die Zähne aus! Hier sollte man einen Spezialkorkenzieher verwenden.
- Lautes Ploppen ist unfein – Korken vorsichtig herausziehen, damit der Druckausgleich langsam vonstatten geht, das schont auch den Wein.
- Vorsicht mit Prosecco-Korken, sie dehnen sich stark aus und können auch teure Kunststoffgeräte brechen lassen. Nur stabile Korkenzieher oder spezielle Modelle verwenden!

Korkbrösel

Wenn eine stumpfe Spirale einen zu trockenen Korken durchbohrt oder der Korken beim Herausziehen gar in der Mitte bricht, fällt mehr oder weniger grober Korkstaub auf den Wein. Abhilfe schafft man, indem man den ersten Schluck schwungvoll in ein separates Glas gießt. Meist sind damit fast alle Brösel weggespült. Das ist auch der Grund, warum sich der Gastgeber immer zuerst ein wenig Wein ins eigene Glas gießt – um Korkreste zu entfernen und den Wein zu prüfen. Ein paar größere Korkstückchen lassen sich leicht mit einem Löffel aus dem Glas heben.

Falls zu viele Brösel im Wein schwimmen, kann man ihn auch durch eine (unbenutzte!) Kaffee- oder Teefiltertüte in eine Karaffe umgießen. Dazu am besten einen sauberen Trichter und nicht den Filter verwenden, mit dem auch Kaffee zubereitet wird. Der Wein nimmt sonst leicht Kaffeegeschmack an.

Flecken vermeiden

Es scheint fast unvermeidlich, dass sich beim Ausgießen am Flaschenhals Weintropfen bilden und Hände, Gläser und Tischdecken beflecken. Das ist besonders bei Rotwein extrem unangenehm. Klassische Gegenmaßnahme: eine Serviette wie eine Krawatte um den Flaschenhals binden, um die herabfließenden Tropfen aufzufangen.

Mit einem kleinen Hilfsmittel, einer Ausgießhilfe, lassen sich aber bereits vorher Tropfen vermeiden. Das einfachste Gerät ist eine metallische Plastikscheibe, »Drop-Stop«, die zu einer Röhre gedreht und in den Flaschenhals gesteckt wird. Durch ihre Federkraft wird sie fest an die Innenseite des Flaschenhalses gepresst, sodass kein Tropfen dazwischen ausfließen kann. Die scharfe Abrisskante und die Beschichtung der Scheibe verhindern, dass Wein an der Außenseite herabfließt. Nach Gebrauch vorsichtig aus der Flasche herausziehen und gut festhalten, sonst schnellt die Röhre mit Wucht in ihre ursprüngliche Form zurück und versprüht dann doch noch Weinreste. Behutsam säubern und trockentupfen, da Kalkreste und Kratzer die Wirkung mindern.

Dauerhafter sind massive Ausgießer, die ebenso wirksam, aber nicht ganz so preiswert sind. Sogenannte Dekantierausgießer (→ Dekantieren, S. 118) verhindern das Tröpfeln und reichern den Wein gleichzeitig mit Luft an, sind aber teuer.

Flecken entfernen

Rotweinflecken auf weißer Bluse, Hemd oder Teppich sind sprichwörtlich hartnäckig. Ganz wichtig ist, den Fleck nicht unbehandelt eintrocknen zu lassen. Man muss ihn sofort mit Wasser oder einer leicht säurehaltigen Flüssigkeit (Weißwein, Zitronensaft, sprudelndes Mineralwasser) befeuchten. Danach kann er sogar trocknen und geht bei der Wäsche trotzdem heraus. Altes Hausmittel: den Fleck sofort dick mit Salz bestreuen und leicht einreiben. Eine halbe Stunde wirken lassen, dann den Fleck auswaschen oder den Teppich absaugen. Reste mit einem feuchten Schwamm entfernen.

☞ Profitipp

- Bei empfindlichen Kleidungsstücken aus Wolle oder Seide sofort ein sanftes Trockenshampoo aufsprühen, vollständig trocknen lassen, dann ausbürsten und das Kleidungsstück mit Wollwaschmittel waschen.
- Wenn Sie Rotwein über die Kleidung von Gästen kippen, versuchen Sie nicht, den Schaden selbst zu beheben, das wirkt oft peinlich. Geben Sie Tipps und die Hilfsmittel, mit denen die Flecken im Bad behandelt werden können, oder bieten Sie stattdessen an, die Reinigungskosten zu übernehmen.

Weingläser für den Alltag

Ein gutes Bier schmeckt auch aus einem Champagnerglas, aber für einen Rotwein ist die Kombination einfach unpassend. Ein Weinglas ist nicht nur Trinkgefäß, sondern soll seinen Inhalt zum Genuss werden lassen. Es zeigt die Farbe und die Klarheit eines Weins (deshalb soll es weder farbig noch verziert oder geschliffen sein). Es konzentriert die Aromen für die Nase (deshalb verjüngt sich der Kelch meist nach oben), sein Stiel hält die Hand weit von Kelch und Inhalt entfernt, um den Duft nicht zu stören und um Weißwein nicht zu erwärmen.

Große Glasmanufakturen haben zu fast jedem Weintyp eine spezielle Glasform entwickelt. Aber beim Wein für jeden Tag genügt ein Glas für alle Fälle.

Profitipp

Ein Glas sollte nicht teurer sein als die Flasche, aus der es gefüllt wird. Mundgeblasene Gläser bringen Weine zwar toll zur Geltung, sind aber für jeden Tag zu empfindlich und müssen von Hand gespült werden.

Universalgläser

Der gleiche Wein schmeckt aus unterschiedlichen Gläsern tatsächlich jedes Mal anders. Das haben Tests bewiesen, und Sie können es natürlich auch selbst einmal ausprobieren: den gleichen Wein aus einem Wasserglas und verschiedenen Weingläsern nebeneinander riechen und probieren. Es gibt aber eine Glasform, aus der sich viele Weine gut trinken lassen, ohne dass man jedes Mal überlegen muss, ob das Glas nun genau auf den Wein abgestimmt ist. Dieses Glas nennt sich »Prüfglas« und wird bei Weinproben sowohl für Rot- als auch für Weißweine eingesetzt. Zu finden ist es im Weinfachhandel und in Weindepots. Es kostet

wenig, da es nicht mundgeblasen ist, und ist spül-
maschinengeeignet. Typisch ist ein bauchiger, tulpen-
förmiger Kelch von mittlerem Durchmesser und größerer Höhe. Nach oben verjüngt sich das Glas so, dass
gerade noch die Nase hineinpasst. Bei dieser Glasform
konzentriert sich der Duft intensiv, sodass auch Unge-
übte ihn riechen und beurteilen können. Der Stiel ist
nicht zu lang, damit das Glas nicht so leicht umfällt.

Spezialgläser

Für den Anfang reicht es, ein Glas für jeden Weintyp
zu besitzen. Weißweingläser sind in der Regel etwas
kleiner, wenig bauchig mit hohem Kamin (→ S. 56).
Schaumweingläser sind hoch und schlank. So kann
man die Perlen möglichst lang genießen. Rotweingläser sind ausladend und bauchig. Sie verjüngen
sich wie alle Gläser nach oben, damit die Aromen sich
optimal entfalten können und nicht sofort entweichen.

Die wichtigsten Gläser für Weißwein, Burgunder, Rotwein und
Schaumwein (v. l. n. r.).

Weingläser für Fortgeschrittene

Wer sich intensiver mit Wein beschäftigt, wird irgend-
wann auch die wundersame Beziehung zwischen
Getränk und Trinkgefäß genauer studieren. Das kann
allerdings wirklich zu einer richtigen Wissenschaft
werden, denn die Größe des Glases, die Form des Kelches und des Kamins und die Dünnwandigkeit bringen
erst Farbe, Aroma und Geschmack eines guten Weins
zur Geltung.

Zunächst einmal besteht ein Weinglas aus drei Komponenten: dem Fuß, der einen sicheren Stand ermög-
lichen soll, aber nicht zum Festhalten gedacht ist.
Darüber der Stiel, an dem das Glas gehalten wird,
damit durch die Wärme der Hand nicht der Wein im
Glas erwärmt wird. Ein langer Stiel verrät Stil und
wirkt elegant, allerdings stehen solche Gläser nicht
so stabil wie kurzstielige. Und schließlich der Kelch,
das wichtigste Element eines Weinglases.

Kelch und Kamin

Der bauchige Kelch ist zum Füllen mit Wein vorgesehen, der leere Raum darüber, der die flüchtigen Düfte
und Aromen sammeln soll, wird Kamin genannt.
Eingeschenkt wird nur bis zur breitesten Stelle des
Kelches, damit die Weinoberfläche möglichst groß
ist. Wird nun das Glas leicht geschwenkt, dann treten
mehr Aromen aus dem Wein aus und konzentrieren
sich im Kamin. Je enger die Öffnung des Kelches ist,
umso stärker entfalten sich die Düfte in der Nase.
Und je feiner und dünner der Rand des Glases, umso
intensiver ist der Geschmackseindruck beim Trinken.

Weißweingläser

Sie haben einen kleineren Kelch mit geringerer Füll-
menge, damit sich der kühl servierte Wein nicht so
rasch erwärmt. Weißweine brauchen nicht viel Luft,
um sich zu entfalten, deshalb ist auch der Kamin

schmal. Für säurereiche, junge Weißweine gibt es spezielle tulpenförmige Gläser mit nach außen gebogenem (gelipptem) Rand. Dadurch gelangt der Wein zuerst auf die Zungenspitze, die für die Süße besonders empfänglich ist. Der Zungenrand, der die Säure schmeckt, kommt dabei weniger mit dem Wein in Berührung. Für Weißweine mit weniger Säure, Chardonnays zum Beispiel, sind Gläser mit eiförmigen Kelchen, die den Schluck auf die Zungenmitte leiten und damit Säure und Würze intensivieren, besser geeignet. Auch halbtrockene und süße Weine können aus diesen Gläsern sehr gut getrunken werden.

Rotweingläser

Die Weine brauchen Platz im Glas und Luft, um ihre Aromen zu entfalten, deshalb sind die Gläser dickbauchiger mit langem, großem Kamin. Die Öffnung ist weiter als beim Weißweinglas, sodass sich der Wein beim Trinken sofort über die ganze Zunge verteilt. Für gerbstoffreiche Weine (Chianti, Weine aus Südfrankreich) sollten die Gläser schlanker sein, für komplexe, fruchtigere Weine breiter und größer. Für große Weine aus Burgundertrauben (Pinot noir) und Nebbiolo (Barolo, Barbaresco) eignen sich sehr breite, runde, großvolumige Gläser mit zart gelipptem Rand, der den Wein auf die Zungenspitze leitet und so die Süße und die Fruchtigkeit intensiviert.

👉 Profitipp

Große Weine brauchen große Gläser, gereifte, komplexe Weine dagegen eher kleinere, bei denen der Geschmack stärker als das Aroma zur Geltung kommt.

Wein probieren

Andächtig hält der Weinkenner sein Glas gegen das Licht und prüft kritisch Farbe und Klarheit des Weins. Die alte Regel, zuerst Farbe, dann Geruch, dann Geschmack zu prüfen, stammt noch aus vorindustriellen Zeiten, als es durchaus möglich war, einen verdorbenen Wein in der Flasche vorzufinden. Das ist noch heute denkbar (→ Weinfehler, S. 114), aber die einfachen Alltagsweine werden beim Abfüllen durch einen superfeinen Filter gepresst, der Bakterien und Trubstoffe entfernt. So sagt die Farbe zunächst nur, ob es ein Rotwein oder ein Weißwein ist. Eine Trübung durch feine Bläschen zeigt, dass der Wein Kohlensäure enthält und vermutlich ein jugendlicher Weißwein oder ein Sekt ist.

Alltagstest

Wichtiger als die Farbe ist der Duft des Weins. Unser Geruchssinn ist um ein Vielfaches ausgeprägter als unser Geschmackssinn, der gerade mal fünf verschiedene Grundmuster (süß, sauer, salzig, bitter und »Umami«, den Geschmack von Glutamat) erkennen kann. Mit zugehaltener Nase kann man nicht einmal unterscheiden, ob man Apfelsaft oder Wein trinkt. Wenn einem ein Wein gut schmeckt, so ergibt sich das also aus dem Zusammenspiel von Duft und Geschmack, wobei die Duftstoffe die weitaus wichtigere Rolle spielen.

Düfte wirken lassen

Füllen Sie das Glas – aber nur zu einem Drittel, damit sich der Wein gut schwenken lässt und der Luftraum darüber groß genug für die Aromen ist. Das Glas weit unten am Stiel fassen, die Nase über den Wein halten und den Duft tief einziehen. Dabei besser mehrmals schnüffeln, so werden mehr Riechzellen getroffen. Jetzt das Glas vorsichtig schwenken, damit sich der Wein in einer dünnen Schicht über die Glaswand verteilt und noch mehr Duftstoffe frei werden können.

Wieder riechen. Am besten dabei die Augen schließen und die Fantasie spielen lassen. Immer mehr Düfte und Aromen werden nach und nach frei und erinnern an Früchte, Blüten, an Gewürze und Natur.

Geschmack

Danach eine kleine Menge Wein in den Mund nehmen, aber nicht gleich hinunterschlucken, sondern langsam über die Zungenspitze bis zum Zungenende laufen lassen, dann im ganzen Mund verteilen. Dabei auf die unterschiedlichen Eindrücke achten – Süße und Säure, Herbheit, Fruchtigkeit, Rauheit, das Gefühl, dass der Mund zusammengezogen wird. Eine leichte Kaubewegung mit gleichzeitigem Ausatmen durch die Nase oder ein blubberndes Einsaugen von Luft bei gefülltem Mund bringt noch mehr Aromen zum Geruchsorgan, das zum Mundraum hin offen ist. Dann erst schlucken und auf den Nachgeschmack und die Nachhaltigkeit achten. Jetzt lässt sich das persönliche Urteil fällen: Schmeckt der Wein oder schmeckt er nicht?

 Profitipp

Das richtige Schwenken erst einmal allein üben, das macht später Eindruck. Anfangs den Glasfuß auf dem Tisch stehen lassen und das Glas unten am Stiel haltend langsam in kreisförmige Bewegung versetzen. Dann das Gleiche aus dem Handgelenk heraus ohne Tisch probieren. Das Glas dabei leicht schräg halten.

SICHT, GLATTEIS! VORSICHT, GLATTEIS! VORSICHT, GLATTEIS! VORSICHT, GLATTEIS!

- Ein Glas nie höher als zu einem Drittel füllen.
- Das Glas am Stiel anfassen, damit man den Wein nicht erwärmt und das Glas nicht verschmutzt.
- Kleine Schlucke trinken und nicht gleich das halbe Glas hinunterstürzen.

WEIN UND GÄSTE

Wenn ein Fest bei den Gästen eine
»leichte Glückseligkeit« aufkommen
lässt, so ist es gelungen, sagt ein Profi.
Ein guter Gastgeber will seinen Gästen
Freude bereiten, ihren Geschmack treffen
und ihnen so ein Lächeln ins Gesicht
zaubern, aber nicht imponieren. Ein
bisschen Herausforderung darf sein,
aber keine Überforderung. Superteure
Edelweine sind wie Billigschampus
eher fehl am Platz.

Situatives Einfühlungsvermögen

Gelegenheiten, Gästen ein Glas zu reichen, muss man nicht lange suchen. Eine fröhliche Party, eine Hochzeit, eine Taufe, ein bestandenes Examen – es gibt unzählige Gründe zu feiern. Es kann ein Fest am Vormittag, ein Mittagessen, ein Termin am Nachmittag, eine Grillparty oder ein großes Essen am Abend sein. Bei der Weinwahl helfen keine starren Regeln, gefragt ist dagegen Einfühlungsvermögen in die jeweilige Situation und in die Tageszeit. Am Morgen wird kaum jemand einen schweren Rotwein vertragen, zum Roastbeef am Abend wäre ein spritziger Prosecco jedoch genauso fehl am Platz.

Probetrinken

Stellen Sie sich den Anlass vor, bei dem Sie ein bestimmtes Getränk servieren wollen. Lassen Sie die Personen, die Sie zu dieser Gelegenheit einladen wollen, vor Ihrem inneren Auge nacheinander auftreten. Und überlegen Sie dabei, was ihnen in jenem Augenblick wohl schmecken würde. Etwa ein Gavi di Gavi bei einer ungezwungenen Party, ein Vin Santo zum Kuchen am Nachmittag oder ein weißer Rueda bei einem gemütlichen Treffen am Abend ohne großes Essen. Suchen Sie einen (Schaum-)Wein aus, der Ihnen für den Personenkreis und diese Situation geeignet erscheint. Jetzt probieren Sie den Wein Ihrer Wahl zur gleichen Tageszeit. Nicht die eigenen Vorlieben sind gefragt, sondern die der anderen.

Weine, die vielen Geschmäckern gerecht werden, sind Pinot grigio oder Soave Classico aus dem Veneto (Italien), Chardonnay aus Katalonien (Spanien), roter Dornfelder aus der Pfalz oder Shiraz aus Australien. Vielleicht kommen Sie sogar auf die Idee, verschiedene Weine und Sekt anzubieten. Aber machen Sie sich die Wahl nicht zu schwer: Zwei Sorten zur Auswahl sind genug. Entweder weiß und rot oder trocken und mild.

Party- und Picknickweine

Gartenparty, Grillfest oder ein Picknick im Grünen, ein zwangloses Büfett zur Hauseinweihung – bei fröhlichen Feiern braucht es etwas zum Anstoßen. Dafür eignen sich leichte Weine, die locker über die Zunge gehen und keinen dicken Kopf machen, wenn man ein Glas mehr trinkt als sonst. Denken Sie aber auch an die Autofahrer und besorgen Sie genügend alkoholfreie Getränke. Auch wenn auf einem Fest der Wein nicht die zentrale Rolle zu spielen scheint – er bestimmt die Atmosphäre. Also bitte keinen billigen Zweiliterwein kaufen.

Kalkulieren Sie eine Flasche Wein oder Sekt pro Person (mit ziemlicher Sicherheit wird nicht alles getrunken, aber Sie vermeiden die peinliche Situation, dass die Getränke ausgehen), dazu die drei- bis vierfache Menge Mineralwasser und weitere alkoholfreie Getränke. Für den Fall, dass trotz guter Planung Wein, kalter Prosecco und andere Getränke ausgehen, sind große Tankstellen, die an allen Tagen rund um die Uhr geöffnet haben, die Rettung in der Not. Allerdings: Offiziell dürfen sie außerhalb der Ladenöffnungszeiten nur an Autofahrer, nicht an Fußgänger oder Radfahrer verkaufen. Wer sich schon vorher informiert (und probiert), erspart sich Überraschungen.

Leicht und nicht zu sauer

Die Leichtigkeit des Weins zeigt sich am ehesten am Alkoholgehalt (→ S. 26/27). Zwischen 9 und 11 Volumenprozent sollte er liegen, dann steigt der Wein nicht zu rasch zu Kopf. Weißweine, Roséweine und leichtgewichtige, helle Rotweine sind die besten Partner für lustige Feste. Und da der Wein nicht nur zum Essen, sondern auch und vor allem für sich allein getrunken wird, darf er nicht zu säurereich sein, sonst schlägt er manchem auf den Magen. Die gleiche Wirkung hat auch ein zu süßer Wein.

Leichte Weine

Unkomplizierte Weißweine sind zum Beispiel Müller-Thurgau und Silvaner (Deutschland), Grüner Veltliner (Österreich), Chasselas oder Fendant (Schweiz, beide aus der Gutedel-Traube), Nosiola aus dem Trentino, Vermentino aus Sardinien (Italien), Muscadet oder Saumur von der Loire (Frankreich), Vinho Verde oder Vinho Branco aus dem Alentejo (Portugal). Als Rosé-wein ein Coteaux du Languedoc Rosé (Frankreich) oder ein Bardolino Chiaretto aus dem Veneto (Italien). Leichte Rotweine sind beispielsweise Dornfelder aus Rheinhessen oder Trollinger aus Württemberg (Deutschland), Zweigelt aus dem Burgenland (Österreich), Südtiroler Edelvernatsch oder Colli Orientali del Friuli (Italien), Beaujolais oder Grignan-les-Adhémar (früher Coteaux du Tricastin), beide aus Frankreich.

Alkoholfreies

Halten Sie genügend alkoholfreie Getränke bereit. Apfelsaft, mit Mineralwasser zu einer Apfelschorle gemischt, Fruchtsäfte und herbe Limonaden (Ginger Ale, Bitter Lemon) passen neben Mineralwasser am besten. Alkoholfreie Biere sind für viele Autofahrer selbstverständlich, warum also nicht Weine und Sekt anbieten, denen der Alkohol entzogen wurde?

Die Verfahren sind inzwischen so gut, dass diese Erzeugnisse (gut gekühlt) durchaus trinkbar sind. Die Flaschen aber deutlich kennzeichnen, damit sie auch im Trubel der Feier als alkoholfrei erkennbar sind, zum Beispiel mit einem farbigen Klebestreifen am Flaschenhals.

Weinschläuche

Für Feste sehr beliebt sind die »BiBs« (Bag in Box), Kunststoffweinschläuche im Karton, die es vor allem bei Weindepots (→ S. 16) gibt. Dazu lassen sich Holzfässchen ausleihen, so sieht das Ganze aus wie direkt aus dem Fass gezapft. Vorteil: Der Wein bleibt lange frisch, Reste können noch Wochen aufgehoben werden und man muss nicht ständig neue Flaschen öffnen. Nachteil: Die Weine müssen stärker geschwefelt werden, damit sie haltbar sind. Manche vertragen den höheren Schwefelgehalt nicht. Außerdem sind die »BiBs« nicht so leicht zu kühlen wie Flaschen.

Profitipp

Es gibt kühlende und wärmende Weine, unabhängig vom Alkoholgehalt und der Farbe:
- Beim Weißwein gelten Riesling, Sauvignon blanc, Vernaccia und Arneis als erfrischend, eher wärmend sind Chardonnay und Grauburgunder.
- Beim Rotwein hängt die Wirkung mehr von der Temperatur ab: Kellerfrischer Spätburgunder aus Baden wirkt kühlend, ein zimmerwarmer Bordeaux aus dem Haut-Médoc eher wärmend.

Passende Getränke für ein Picknick sind leichte Weine und reichlich Alkoholfreies.

Sekt und Champagner

Schiffe werden mit Champagner getauft und Renn-
fahrer markieren nach dem Sieg ihr Revier mit dem
schäumenden Nass. Ein erstklassiger Sekt oder Champagner passt als Aperitif zu Beginn wie auch zum
Dessert als Abschluss eines Menüs. Er ist Mittelpunkt
beim klassischen Sektfrühstück oder Sektempfang.

Schäumend oder perlend

Sekt oder Champagner, Spumante oder Cava – alle
heißen offiziell »Schaumwein« (frz. »Vin mousseux«).
Nach der Umwandlung von Most zu Wein wird durch
Zugabe einer Hefe-Zucker-Lösung eine zweite Gärung
in Gang gesetzt, bei der die entstehende Kohlensäure
im Wein verbleibt. Diese Gärung kann im großen Tank
(»Méthode Charmat«, preiswert) oder in der Flasche
(»Méthode champenoise« oder »traditionnelle«, teuer)
erfolgen. Die traditionelle Flaschengärmethode ergibt
feinere Perlen (»Mousseux«).

Wichtig: Das Getränk muss in der Flasche einen
Überdruck von mehr als 3 bar erzeugen. Das bedeutet,
dass der Verschluss durch eine Haltevorrichtung, einen
Drahtbügel (Agraffe), gesichert werden muss und damit Sektsteuer fällig wird.

Ist die Kohlensäure künstlich zugesetzt oder der
Druck in der Flasche niedriger, heißt das Erzeugnis
»Perlwein« (frz. »Vin pétillant«). Ein typischer Perlwein
ist Prosecco Frizzante. Seit dessen großem Erfolg bei
uns werden auch in Deutschland wieder Perlweine,
meist »Secco« genannt, produziert.

Prosecco & Co.

Seit Jahren Lieblingsprickler bei fröhlichen Feiern.
Prosecco heißt er nicht, weil er »secco« (ital. »trocken«)
ist, sondern weil er aus der Prosecco-Traube, vor allem
in den Weinbaugebieten um Valdobbiadene im Veneto,
hergestellt wird. Neben dem Perlwein »Frizzante« mit

geringerem Druck und einfachem Verschlussstopfen gibt es »Spumante« als klassischen Sekt mit Stopfensicherung (→ Spezialkorkenzieher, S. 50/51). Trocken sind sie fast immer, nur der elegante Cartizze aus dem gleichnamigen Anbaugebiet ist eher mild. Richtig süß ist der Asti, klassischer Dessertsekt aus dem Piemont.

Spumante, Cava und Winzersekt

Italienische und spanische Schaumweine, etwa italienische Spumante aus der Franciacorta, dem Trentino, Piemont und Oltrepò Pavese und die spanischen Cava aus Katalonien, müssen den Vergleich mit Champagner oft nicht scheuen. Ebenfalls hochklassige Produkte sind deutsche Winzersekte, die mit klassischer Flaschengärung hergestellt werden.

Champagner und Crémant

Nur ein Schaumwein aus der Champagne in Frankreich, der aus bestimmten Rebsorten (Chardonnay, Pinot noir und Pinot Meunier) hergestellt wird, darf sich Champagner nennen. Seine zweite Gärung findet in der Flasche statt, in der er auch verkauft wird. Neben Standardsorten (Mischungen aus verschiedenen Lagen und Jahrgängen) gibt es Jahrgangs-Champagner und Prestige-Cuvée als qualitative (und preisliche) Spitze. Ähnliche Produkte aus anderen Regionen heißen »Crémant«; berühmt sind die Crémants de Bourgogne, de Loire, de Limoux und d'Alsace.

SICHT, GLATTEIS! VORSICHT, GLATTEIS! VORSICHT, GLATTEIS! VORSICHT, GLATTEIS!

- Gute Schaumweine blenden nicht mit auffälliger Erscheinung. Blaue Flaschen und ähnlicher Schnickschnack wollen Extravaganz vortäuschen.
- Ein Prosecco Spumante ist von vornherein (Sektsteuer!) ca. 1 Euro teurer als ein Frizzante, ohne dass er deshalb zwangsläufig besser sein muss.

Feiern mit Sekt und Champagner

Prickelnde Getränke passen fast immer, vorausgesetzt, Sie schauen sich vorher das Etikett an. Dort steht nämlich, wie »trocken« oder »süß« der Flascheninhalt ist.

- Wirklich trockene Schaumweine: »Extra Brut« oder sogar »Brut Nature«, »Dosage Zéro« oder »naturherb« mit weniger als 1,5 Gramm Restzucker pro Liter.
- Es folgen »Brut«, »Extra Dry«, »Extra trocken« oder »Extra Sec«.
- Steht »trocken« oder »dry« auf der Flasche, ist der Sekt süßer als ein »trockener« Wein.
- »Demi Sec« oder »Medium Dry« sind schon deutlich süß, eben »halbtrocken«.
- »Demi Doux«, »Doux« oder »mild« heißen ganz süße Schaumweine.

Echt trockene Schaumweine passen als Aperitif oder zu Meeresfrüchten, Fisch und hellem Fleisch. Die eher milden Schaumweine schmecken gut zu Käse, Desserts und Kuchen oder einfach so hinterher.

Sektfrühstück und Stehempfang

Ein klassisches Sektfrühstück ist ein Vor-Mittagessen im kleinen Kreis, zu dem man bei besonderen Anlässen einlädt. Außer Champagner oder sehr gutem Schaumwein (ab etwa 10 Euro pro Flasche) gibt es Räucherlachs, Austern, Kaviar, Hummer oder Languste, Seezunge oder Ähnliches, was gut zu Sekt passt. Gleiches gilt für den Stehempfang (früher hieß das »Gabelfrühstück«), zu dem aber mehr Gäste eingeladen werden. Serviert werden kleine kalte Häppchen, die man im Stehen ohne Aufwand essen kann. Dazu sollte außer extra trockenem Sekt und Champagner auch guter trockener Weißwein gereicht werden.

Vor solchen Ereignissen sollten Sie sich Zeit zum Probieren nehmen. Guter Winzersekt (vom Winzer selbst oder aus der Weinhandlung) ist besser als Markensekt von großen Sektfirmen – und oft nicht viel teurer.

Richtig umgehen mit Sekt & Co.

Einfacher Sekt, Champagner (ohne Jahrgang), Spumante oder Cava (→ S. 66/67) werden mit etwa 8 °C serviert. Bei zu geringer Temperatur kommen die Aromen nicht zur Geltung. Fülligere, reifere Schaumweine der gehobenen Preisklasse (Prestige-Cuvées, Winzersekt) kommen bei etwas höheren Temperaturen besser zur Geltung, 10 bis 12 °C sind gerade recht. Den Schaumwein etwa 6 Stunden vor dem Eintreffen der Gäste in den Kühlschrank stellen, viele Flaschen am besten in einer Wanne mit reichlich Eiswürfeln kühlen. Bei großer Gästezahl ist es praktischer, aus großen Flaschen wie einer »Magnum« mit 1,5 Litern Inhalt oder gar einer »Jeroboam« mit 3 Litern auszuschenken.

Zum Öffnen die Kapsel an der Perforierung aufreißen und das Oberteil entfernen. Die Öse am Drahtkäfig, »Agraffe« genannt, aufdrehen, lockern und den Draht abnehmen. Jetzt am besten ein Handtuch über den Verschluss legen (verhindert den Schuss in die Lampe) und den Korken gut festhalten. Flasche leicht schräg halten und den unteren Teil der Flasche mit der anderen Hand drehen. Dabei den Stopfen samt Flaschenhals gut festhalten, beim Lockern presst die Kohlensäure den Korken mit Macht aus der Flasche. Je langsamer er aus dem Flaschenhals entweichen darf, desto weniger schäumt der Flascheninhalt über. Für sehr fest sitzende Korken gibt es Champagnerzangen oder »krallenähnliche« Geräte zum Lockern, aber das Herausziehen bleibt noch Handarbeit.

👉 Profitipp

Serviert wird trockener Sekt in der sich nach oben verjüngenden Sektflöte, edler Champagner in einem etwas breiteren Champagnerglas. Flache Sektschalen sind allenfalls für süße Schaumweine mit sehr intensivem Aroma geeignet.

Große Runde – großes Essen

Bedeutsame Ereignisse im Leben – Schulabschluss oder Examen, Eheschließung, Taufe oder Silberne Hochzeit – werden gern im größeren Kreis mit einem gemeinsamen Essen gewürdigt – und natürlich mit einem passenden Wein begossen. Auch bei diesen Anlässen gilt: Nicht Ihre persönlichen Vorlieben, sondern die der Gäste sollten im Vordergrund stehen. Versuchen Sie nicht, erzieherisch tätig zu werden. Der Gast steht im Mittelpunkt und möchte nicht zum Versuchsobjekt für ausgefallene Experimente werden.

Dramaturgie

So wie ein guter Roman langsam eine Spannung aufbaut, einem Höhepunkt zustrebt und dann einen befriedigenden Abschluss findet, sollten auch Essen und Wein eine Spannung erzeugen. Also wird man nicht den Braten oder den großartigsten Rotwein zu Beginn servieren, sondern mit etwas Leichtem, Appetitanregendem beginnen, wie es ja auch bei klassischen Menüs der Fall ist. Der Höhepunkt liegt etwa in der Mitte, danach muss es leichter, lockerer weitergehen, um die Gäste nicht zu ermüden. Auch die Getränke sollen nicht nur immer anspruchsvoller und schwerer werden, sondern nach dem Höhepunkt den Sinnen wieder Entspannung gönnen. Am Beispiel einer traditionellen Menüfolge lässt sich am einfachsten zeigen, wie Essen und Wein miteinander zu einer harmonischen Verbindung gebracht werden können.

Prolog: Aperitif

Was vor dem Essen serviert wird, um den Appetit zu wecken und den Geschmack auf das Folgende einzustimmen, wird Aperitif genannt. Oft wird er erst am Tisch serviert. Mit einem Aperitif lassen sich die Gäste aber auch gern begrüßen und überbrücken damit die Zeit bis zum ersten Gang. Was als erster Schluck gereicht wird, hängt von Tages- und Jahreszeit ab. Zum Mittagessen oder im Sommer nichts Schweres, Alkoholreiches anbieten, abends oder im Winter kann es etwas Gehaltvolleres sein. Leicht und nie verkehrt ist ein guter Winzersekt, Prosecco, Crémant oder Champagner »Brut« (→ S. 68), ein »Schilchersekt« aus Österreich, auch ein leicht moussierender junger Weißwein wie ein Muscadet oder weißer Graves aus Frankreich, ein Fendant du Valais aus der Schweiz, ein Nosiola aus dem Trentino oder – alkoholarm und eiskalt sehr erfrischend – ein Vinho Verde aus Portugal.

Gehaltvoller sind Aperitifs wie französischer Pineau des Charentes oder trockener französischer oder italienischer Wermut und andere Bittergetränke (Campari, Apérol, Cynar), trockener Sherry, etwa ein duftiger und zarter »Fino« oder »Manzanilla«, gekühlt serviert. Oder der »Kir«: ein Teelöffel Crème de Cassis (schwarzer Johannisbeerlikör) mit einem herben Weißwein (Bourgogne Aligoté) aufgegossen. Zum »Kir Royal« wird er mit Champagner »Brut«. Andere süße Cocktails eignen sich nicht als Appetitanreger.

VORSICHT, GLATTEIS! VORSICHT, GLATTEIS! VORSICHT, GLATTEIS! VORSICHT, GLATT

- Vor Sekt, Prosecco oder Champagner keinen alkoholreichen Aperitif servieren! Durch die Kohlensäure im Schaumwein geht der Alkohol schneller ins Blut, die Auswirkungen können fatal sein.
- Keinen Billigchampagner aus dem Discounter anbieten. Ein Winzersekt ist eine gute Alternative zum teuren Markensekt. Er zeigt Individualität und demonstriert den Gästen Ihre Wertschätzung.
- Keine süßen Getränke vor dem Essen reichen, sie wirken zu sättigend. Ausnahme: edelsüße Beerenauslesen aus Rieslingtrauben mit genügend Säure, gut gekühlt im kleinen Glas serviert.
- Unpassend vor feinem Essen sind Anisliköre (Pernod, Ouzo), sie betäuben den Geschmackssinn.

Weine zum Essen – die Vorbereitung

Zu besonderen Anlässen werden Weine gern feierlicher serviert als gewöhnlich. Deshalb kann es nicht schaden, ihnen schon vorher etwas mehr Aufmerksamkeit zu widmen.

Einkaufen und Ruhenlassen

Fast alle Weine können gleich nach dem Einkauf getrunken werden. Allerdings gibt es zwei Gründe, ihnen etwas Ruhe zu gönnen: Die meisten Weine schmecken nach ein bis zwei Wochen ungestörter Lagerung im Keller oder Schlafzimmer (→ S. 143 ff.) besser. Ältere Rotweine, die Depot (→ S. 118) gebildet haben, müssen zwei bis drei Tage stehend gelagert werden, damit sich das Depot am Flaschenboden absetzen kann. Sekt und Champagner sollten ebenfalls ein bis zwei Tage nach dem Einkauf ruhen, sonst ist ihr Kohlensäuredruck zu stark. Außerdem: Rechtzeitig vor dem Servieren an die optimale Serviertemperatur (→ S. 44/45) denken.

Die Gläser

Ein guter Wein kommt in einem ihm angemessenen Glas besser zur Geltung (→ S. 54–57); zumindest ein kleineres Weißwein- und ein größeres Rotweinglas sollte neben dem Wasserglas für jeden Gast bereitstehen, natürlich frisch gespült und auf Hochglanz poliert. Perfektionisten unterscheiden noch nach Weintyp: Frische, junge, spritzige und säurebetonte Weißweine kommen in einem »Rieslingglas« mit schmalem Durchmesser und sich nach außen erweiterndem Rand, der sogenannten »Säurelippe«, am besten zur Geltung. Reifere, gehaltvollere, üppigere Weißweine schmecken aus einem etwas größeren, sich zum Rand hin tulpenförmig verengenden Glas am besten. Weiche, geschmeidige Rotweine mit wenig Gerbstoffen (→ Tannine, S. 153) vom Typ Burgunder (Spätburgunder, französische Bourgogne-Rotweine) werden in großen, runden, bauchigen Gläsern serviert, zu den tanninreichen wie Bordeaux, Rioja und Cabernet Sauvignon aus Übersee passen die hohen, schlankeren Rotweingläser besser (sie eignen sich auch als Universalglas für Rotwein allgemein). Die Gläser werden nach der Regel »von rechts nach links« in der Reihenfolge ihrer Verwendung an jeden Platz gestellt, also erst Wasserglas, dann Weißwein- und zuletzt Rotweinglas.

Öffnen und Einschenken

Frische Weißweine werden erst kurz vor dem Eingießen geöffnet (→ S. 50/51), aber weniger Stress bereitet es, wenn schon vor dem Eintreffen der Gäste der Korken so weit herausgezogen wird, dass er noch fingerbreit in der Flasche steckt. Dann lässt er sich später leicht mit der Hand herausdrehen. Gehaltvolle Weißweine und junge (bis drei Jahre alte) Rotweine entwickeln sich besser, wenn sie bereits drei bis vier Stunden vorher geöffnet werden. Alte Rotweine (über acht Jahre alt) erst eine halbe Stunde vorher öffnen, probieren und bei Bedarf dekantieren (→ S. 118).

 ## Profitipp

Das Füllen der Gläser übernimmt der Gastgeber, nachdem er selbst einen Schluck probiert hat (→ S. 58), dabei geht er gegen den Uhrzeigersinn um den Tisch herum. Eingeschenkt wird von rechts, den Damen natürlich zuerst. Meist wird mit dem ersten Wein auch die Tischrede gehalten, danach das Glas zum Toast erhoben. Anstoßen ist bei einer großen Runde nicht nötig, es genügt ein Kopfnicken.

Auftakt: Weine zu den ersten Gängen

Nach der klassischen Menüfolge sind zu Beginn leichte, helle Gerichte an der Reihe – kalte Meeresfrüchte oder Fischgerichte, eine klare Suppe mit Einlage, feine Pasteten. Dazu passen vor allem leichte, helle Weine – ganz einfach zu merken.

Wann und wie wird Weißwein serviert?

Einschenken, bevor das Gericht serviert wird, damit er sein Aroma entwickeln kann. Den Wein eher etwas zu kalt eingießen. Bis jedes Glas gefüllt ist, hat der Wein die richtige Temperatur angenommen. Am besten verwendet man eine Ausgießhilfe (→ S. 52/53), damit Tischtuch und Gäste nicht beträpfelt werden. Die Flasche wird dabei mit dem Etikett nach oben an der unteren Hälfte gehalten und die Gläser am Stiel angehoben. Die Gläser außerdem nur zu einem Drittel füllen, ohne dabei den Flaschenhals auf den Glasrand aufzusetzen. Mit einer winzig kleinen Drehung die Flasche wieder senkrecht halten, falls doch ein Tropfen entweichen will (eine Serviette zum Abtupfen bereithalten).

Weine zu hellem Fisch und Meeresfrüchten

Junge, leichte (alkoholarme) Weißweine ohne allzu spürbare Süße passen zu diesen Gerichten. Im Geschmack ist der Säureeindruck dezent, das Aroma ist verhalten bis neutral, der Wein wirkt weich und rund.

Beispiele: Grauburgunder Kabinett trocken aus Baden oder von der Hessischen Bergstraße, Riesling Spätlese trocken von der Terrassenmosel (Winningen) oder der Nahe, Schweizer Chasselas (im Wallis heißt die gleiche Rebsorte Fendant) mit nicht zu mineralischem Geschmack, guter Grüner Veltliner aus Österreich (»Steinfeder« aus der Wachau), französischer Entre-Deux-Mers, Bordeaux blanc sec, Muscadet von der Loire, Viognier aus dem Languedoc oder ein Vermentino di Gallura aus Sardinien oder ein Rueda aus Spanien. Immer eine gute Wahl ist ein erstklassiger Sekt oder ein Champagner.

Terrinen und Pasteten

Sind die Terrinen oder Pasteten aus hellem Fleisch bereitet, passen kräftigere Weißweine wie Riesling Spätlese trocken oder halbtrocken aus dem Rheingau oder der Pfalz, aus Frankreich ein Pouilly-Fuissé oder ein Sauvignon de Saint-Bris aus Burgund, aus Italien ein Soave Superiore. Zu Pasteten mit Leber oder Wild schmeckt ein französischer Alsace Grand Cru aus dem Elsass, ein Vin Doux Naturel aus dem Roussillon oder auch ein hellroter leichtfüßiger Rotwein wie Spätburgunder von der Ahr oder Schwarzriesling vom Neckar, ein Zweigelt aus der Steiermark, Blauburgunder aus der Ostschweiz, ein junger Rosso Conero aus den Marken, französischer Chénas aus dem Beaujolais oder Pinot noir aus dem Elsass. Statt Rotwein ist auch ein Sherry Oloroso eine gute Wahl.

Wein zur Suppe

Vor allem nach einem edelsüßen Wein zur Vorspeise ist eine Suppe ideal, sie neutralisiert den Geschmackssinn. Zur Suppe wird oft kein Wein serviert, weil ein flüssiges Gericht kein Getränk braucht. Wer aber seine Gäste nicht vor einem leeren Glas sitzen lassen möchte, kann auch zur Suppe einen Weißwein servieren – allerdings einen etwas fülligeren.

Beispiele: Riesling Spätlese trocken aus dem Rheingau oder dem Elsass, italienischer Chardonnay aus dem Veneto, Corvo aus Sizilien, Arneis aus den Langhe. Zu cremigen Suppen passt auch ein kleines Gläschen gut gekühlter edelsüßer Riesling. Oder Sie reichen einen (bei uns seltsamerweise nicht sehr gefragten) Champagner Rosé dazu. Ist die Suppe kräftiger und mit Sherry oder Madeira gewürzt, passt der gleiche Wein auch zur Suppe.

Warme Vorspeisen und Fisch

Nach den kalten kommen die warmen Vorspeisen oder auch der Fischgang. Hier entscheidet die Zubereitungsart, vor allem die Sauce: Zu einem gekochten Fisch in heller Sauce passt ein kräftiger Weißwein; ist der Fisch gebraten und mit dunkler Sauce angerichtet, ist ein leichter bis mittelschwerer Rotwein der bessere Begleiter. Beim Servieren gelten die gleichen Regeln wie beim Weißwein (→ S. 75).

Ähnlichkeit der Aromen

Nicht nur die Farbe, auch Duft und Geschmack sollten beim Gericht und beim Wein möglichst ähnlich sein, dann empfinden wir die Kombination als passend oder gar gelungen. Dafür muss man natürlich sowohl die Aromen des Gerichts als auch die des Weins kennen.

Es gilt: Vorher ausprobieren oder Mut zum Risiko zeigen. Wenn das Essen und der Wein erstklassig sind, kann eigentlich nur wenig schiefgehen.

Zu Fisch wie pochiertem Lachs passt ein kräftiger, säurebetonter Weißwein.

Vorspeisen mit heller Sauce

Feine kleine Geflügelgerichte mit einer sahnigen Sauce, Blätterteigpastetchen mit Kalbsragout, Meeresfrüchte in einer Buttersauce oder ein Edelfisch mit Sauce hollandaise – diese Gerichte verlangen nach hochwertigen, kräftigen Weißweinen mit Charakter. Sie sollen trocken schmecken, auch wenn sie etwas Restsüße (→ S. 153) haben. Diese muss durch eine spürbare, aber nicht aggressive Säure ausgeglichen werden. Die passenden Weine füllen den Mund aus, wirken üppig, fruchtig, aromatisch und schmelzend.

Beispiele: Riesling Spätlese trocken aus dem Rheingau oder Riesling Smaragd aus der Wachau, Silvaner Spätlese aus Franken (Steigerwald), aus Frankreich Puligny-Montrachet Premier Cru aus dem Burgund oder ein Chablis »Vieilles Vignes«, beides Chardonnay-Weine, Sancerre oder Pouilly-Fumé von der Loire aus Sauvignon-blanc-Trauben, ein Riesling Grand Cru aus dem Elsass, aus Italien ein Franciacorta bianco aus der Lombardei, ebenfalls aus Chardonnay-Trauben, ein Pinot grigio Colli Orientali del Friuli, auch ein Sauvignon blanc oder Chardonnay aus Kalifornien.

Vegetarische Vorspeisen

Es muss nicht immer Fleisch oder Fisch sein. Eine edle Vorspeise mit Gemüse der Saison ist bei vielen genauso beliebt. Spargel mit Sauce hollandaise und zarten Eierkuchen, ein Gemüseteller mit pochiertem Ei, ein luftiges Soufflé, ein Risotto mit Radicchio oder Eiernudeln in Sahnesauce mit Kürbis oder Nüssen benötigen einen weichen, runden, gehaltvollen Weißwein mit zartem Aroma, aber trotzdem genügend Säure.

Beispiele: Riesling Spätlese aus dem Meißner Spaargebirge (Deutschland), Petite Arvine (Schweiz), Pinot grigio aus dem Oltrepò Pavese, Sauvignon aus dem Friaul, Grechetto aus Umbrien (Italien), Chablis Grand Cru, Pouilly-Fuissé, Bergerac Blanc oder ein Bordeaux Blanc Sec, Muscadet Côtes de Grandlieu von der Loire

(Frankreich), ein Rueda oder Weißwein aus den Rías Baixas (Spanien), ein Chenin Blanc aus Paarl (Südafrika). Ist das Gericht mit etwas Zitronensaft oder Essig abgeschmeckt, passt ein Grüner Veltliner Steinfeder aus der Wachau.

Kräftigere Vorspeisen

Geschmortes Gemüse mit Tomaten, gebratene Steinpilze, hausgemachte Nudeln mit Trüffeln, Zanderfilets aus der Pfanne, Garnelen oder Hummer vom Grill – auch hierzu passen kräftige, gehaltvolle Weißweine wie ein reifer, fülliger Chardonnay aus Australien, aber noch besser eignen sich Rosé- oder leichte Rotweine. Gute Roséweine sind frisch und im Geschmack kräftig genug, um auch ein würziges Gericht zu ergänzen. Da sie weniger Tannine (→ S. 153) enthalten als Rotweine, sind sie vielseitigere Begleiter und ergänzen etwas fettreichere Fische wie Seeteufel, Seezunge oder Steinbutt gut.

Beispiele: Aus Deutschland ein Spätburgunder Weißherbst Kabinett trocken (Baden, Mittelrhein), aus Frankreich ein Bergerac Rosé, ein Côtes-du-Roussillon rosé, ein Tavel oder ein Cabernet de Saumur, aus Italien ein Bardolino Chiaretto aus dem Veneto.

Was für Roséweine gilt, sollte auch auf Rotweine zu diesen Gerichten zutreffen: fruchtig, duftig, zart, feinherb mit wenig Tannin.

Beispiele: Deutsche Spätburgunder Kabinett (Baden/Kaiserstuhl, Hessische Bergstraße, Ahr), aus Frankreich ein Chénas (Beaujolais), ein guter Côtes du Rhône, aus Italien ein Merlot aus dem Friaul oder ein Valpolicella Classico Superiore aus dem Veneto.

☞ Profitipp

Aufpassen bei Meeresfrüchten, ihre salzige Note verträgt sich nicht mit herben, tanninreicheren Rotweinen. Besser einen guten, nicht zu säurebetonten Weißwein dazu servieren.

Höhepunkt: das Hauptgericht

Sofern keine Vegetarierrunde feiert, wird die Hauptsache des Menüs aus einem feinen Fleischgericht bestehen. Kurzgebratenes wie Steaks ist bei großer Gästezahl wohl eher die Ausnahme, da diese portionsweise in letzter Sekunde zubereitet werden müssten. Praktischer ist ein großer Braten vom Kalb oder Rind, auch Geflügel aus dem Ofen oder ein Wildgericht kommen in Frage. Wird dazu ein großartiger Wein serviert, ist der Höhepunkt erreicht.

Große Weine

Einen großen oder gar großartigen Wein erkennt man nicht am Preis, man erkennt ihn im Glas. Ein solcher Wein hat viel Tiefe, er lässt sich nur mit genügend Zeit richtig ergründen und zeigt unendlich viele Geschmacksnuancen. Wenn man ihn trinkt, hat man das Gefühl, es laufe einem eine Gänsehaut über den Rücken.

An einen großen Wein wird man sich noch nach Jahren erinnern. Für ihn sollte man natürlich ein besonderes Glas eindecken, je nach Weintyp ein Burgunder- oder Bordeaux-Glas (→ S. 54–57), aber in jedem Fall mit großem Volumen und langem Stiel. Und man sollte den Wein natürlich entsprechend vorbereiten (→ Dekantieren, S. 118).

Allerdings ist ein großartiger Wein oft sehr dominant und verlangt so viel Aufmerksamkeit, dass das Essen und die Tischgespräche dazu fast störend wirken. Auch wenn Wein und Speisen zusammengehören, sollte gerade in einer fröhlichen Runde das Getränk nicht die Hauptrolle spielen. Ihre Gäste werden es Ihnen danken, wenn Sie einen zwar großen, jedoch »verständlichen«, erschließbaren Wein, der sehr fein, aber nicht fordernd das Essen begleitet, servieren und den »Meditationswein« im Keller lassen.

 **Profitipp**

Auch bei sehr teuren Weinen: lieber eine Flasche
mehr kaufen als geplant. Es könnte eine Flasche mit
Korkschmecker dabei sein. Oder die Gäste könnten
mehr trinken als erwartet.

Regionale Kombinationen

In Weinbauregionen ergibt sich die Verbindung von
Wein und Essen ganz von selbst. Zu besonderen Anlässen werden die traditionellen feinen Gerichte der
Region zubereitet und natürlich die (besseren) Weine
der benachbarten Winzer dazu getrunken. So gibt es zu
einem Schmorbraten mit Rotweinsauce, wie er in der
Pfalz üblich ist, einen ordentlichen Pfälzer Rotwein,
vielleicht eine Spätburgunder Spätlese. Zum schwäbi-
schen Schlachtbraten aus gut abgehangener Rinder-
lende trinkt man entsprechend eine Lemberger Spätlese trocken oder einen gehaltvollen Schwarzriesling.
In Frankreich gehört zum Schmorfleisch »Bœuf bour-
guignon« selbstverständlich ein roter Burgunder, zum
Beispiel ein reifer Bourgogne Hautes Côtes de Nuits.
In der Toskana wiederum wird die Wildschweinkeule
in würziger Sauce von einem Morellino di Scansano
aus der Maremma begleitet.

Diese Verbindungen haben sich aus einer Wechsel-
wirkung zwischen den speziellen Gerichten der Region und dem dort gekelterten Wein ergeben. So wie es
zu den einfachen ländlichen Gerichten stets einen passenden Landwein gab, orientierten sich die Spitzenweine an den landestypischen festlichen Speisen. Und
beides passte immer hervorragend zusammen, weil
sich Wein und Essen partnerschaftlich entwickelt
haben. Vielleicht ergibt sich daraus eine Anregung,
wie sich das Hauptgericht mit dem passenden Getränk
gut verbinden lässt.

Geflügel aus dem Ofen

Poularde oder Gans, Pute oder Ente: Wenn Geflügel mit knuspriger Haut serviert wird, passt ein trockener, aber weicher und fülliger Rotwein am besten. Er sollte ein duftiges, intensives Bukett, eine kräftige Statur und einen warmen, leichten Tanningeschmack haben.

Beispiele: Aus Frankreich ein Burgunder (Bourgogne, möglichst von der Côte de Nuits wie Gevrey-Chambertin, Chambolle-Musigny, Vougeot, Vosne-Romanée) oder ein Collioure (Roussillon), ein Zweigelt aus Niederösterreich, aus Italien ein Brunello di Montalcino oder ein Morellino di Scansano (Toskana), aus Deutschland ein Spätburgunder aus dem Eichenfass (Kaiserstuhl oder Ortenau) oder ein Spätburgunder »Großes Gewächs« aus der Pfalz.

Große Braten

Kalb, Rind oder auch Wild mit einer dunklen Sauce verlangen nach einem kräftigen Rotwein mit intensivem Duft, Tiefe, fruchtigen Aromen, deutlich spürbaren Tanninen (→ S. 153) und mehr Alkoholgehalt.

Beispiele: Deutscher Spätburgunder aus dem Barriquefass (→ S. 152), »Großes Gewächs« aus der Pfalz, mindestens fünf Jahre alt, ein Schweizer Merlot del Ticino (Tessin) oder eine große Rotweincuvée (→ Cuvée, S. 152) aus dem Mittelburgenland (Österreich). Italien: Brunello di Montalcino oder ein »Supertoskaner«. Die Krönung wäre natürlich ein französischer Bordeaux Premier Grand Cru Classé »A« aus Saint-Emilion oder ein anderer großer Château-Wein aus dem Médoc (mindestens sieben Jahre alt).

Preiswerter und auch sehr gut: aus Frankreich Merlot Pic Saint-Loup (Languedoc), Bergerac Rouge, aus Italien ein Refosco dal Peduncolo Rosso (Friaul), Südtiroler Lagrein, Primitivo (Apulien), Barbera d'Asti (Piemont), Nero d'Avola (Sizilien), ein Cabernet Sauvignon aus Südafrika oder ein Tempranillo aus Navarra (Spanien).

Profitipp

Gerbstoffreiche Rotweine, die solo fast zu herb schmecken, verlieren zu Schmorgerichten und Braten ihre Strenge.

Lamm und Steaks

Beiden gemeinsam ist, dass sie rosa gebraten bis blutig serviert werden, wodurch der Geschmackseindruck eine leicht süße Note erhält. Durch sie werden die Aromastoffe im Wein intensiviert, sodass auch sehr trockene, gerbstoffreichere Weine milder und harmonischer wirken.

Beispiele: Ein junger, tanninbetonter Rotwein wie Chianti Classico Riserva (Italien), Rioja Reserva oder Cabernet Sauvignon Reserva aus Somontano (Spanien), ein Haut-Médoc oder Crozes-Hermitage (Frankreich) ebenso wie ein reifer Cabernet Sauvignon aus Curico (Chile) oder ein großer Zinfandel aus Kalifornien.

Ideal zu Wild: ein kräftiger, tanninreicher Rotwein mit fruchtigem Aroma.

Ausklang mit Käse und Wein

Die Kombination von Käse und Wein ist nicht so einfach. Dass ein großer Rotwein prima mit würzigem
Käse auskommt, ist nur eine französische Gewohnheit,
dort wird der letzte Rest Wein vom Hauptgericht zum
Käsegang getrunken. Das heißt aber keinesfalls, dass
jeder Rotwein gut zu Käse passt. Faustregel: Zu jun-
gem, mildem Käse passen eher Weißweine, sehr reife,
würzige, »duftende« Käsesorten vertragen sich besser
mit herzhaften Rotweinen.

Rotwein und Käse

Zu alten reifen Rotweinen passen am besten Käsesor-
ten vom Typ Parmigiano Reggiano, also würzige, feste
und nicht zu fette Hartkäse. Auch Gruyère oder reifer
Cheddar, Appenzeller, alter Gouda oder ein würziger
Mimolette schmecken dazu. Und das sind alles keine
Sorten, die man sich zu einem feinen Essen vorstellt.

Weißwein und Käse

Der Dramaturgie (→ S. 71) folgend, könnte man nach
dem schweren Rotwein auch wieder einen erfrischend
kühlen Weißwein servieren, der zu den meisten feinen
Käsesorten viel besser passt. Zum Beispiel ist ein nicht
ganz trockener Riesling aus Deutschland oder dem
Elsass ein fast universeller Käsewein, ebenso ein feiner
Chardonnay. Sie ergänzen gut einen Bergkäse, Fontina,
Raclettekäse, Butterkäse oder einen Cheddar. Ein spritziger Sancerre oder ein Pouilly-Fumé von der Loire
passen hervorragend zu Ziegenkäse, ein Sainte-Maure
de Touraine harmoniert gut mit einem trockenen
Touraine blanc aus der gleichen Region. Zu pikanten
Edelpilzkäsesorten wie Gorgonzola, Roquefort, Bleu
d'Auvergne oder Stilton wird gern ein edelsüßer Wein
(zum Beispiel Traminer Auslese aus Sachsen, Riesling
oder Weißburgunder Beerenauslese aus Deutschland
oder Österreich, Sauternes oder Muscat de Rivesaltes

aus Frankreich) serviert, womit wir aber schon bei Dessertweinen wären.

Da die Geschmacksrichtungen beim Käse und die Vorlieben der Gäste sehr unterschiedlich sind, werden die verschiedenen Käsesorten am besten auf einer Platte angerichtet. Halten Sie sich dabei an die »Käseuhr«: Bei zwölf Uhr mit milden Frischkäsen beginnen, im Uhrzeigersinn zarte und pikante Weichkäse, Ziegen- und Schafkäse, aromatische Schnittkäse und würzig-scharfe Edelpilzkäse auf der Platte anordnen. Mit Trauben, Birnen oder Äpfeln zum Neutralisieren zwischendurch garnieren. Ideal dazu ist frisches Weißbrot, zu würzigen Käsesorten passt ein Nussbrot.

☞ Profitipp

Zu Ziegenkäse am besten jungen Weißwein mit Säure servieren, trockener Rotwein hat in der Kombination einen leicht unangenehmen Beigeschmack.

Perfekt: junger Ziegenkäse und trockener Touraine.

Süßer Abschluss

Auf ein leichtes Menü kann ruhig ein gehaltvolles Dessert folgen, etwa eine Mousse au chocolat. Dagegen sollte nach einem üppigen Essen ein eher leichtes Dessert serviert werden, zum Beispiel ein Sorbet. Süße oder edelsüße Weine passen nicht überall. Die Art des Nachtischs bestimmt den Weintyp.

Fruchtig-säuerliche Desserts

Zu Obst mit spürbarer Säure wie Äpfeln, Aprikosen oder Rhabarber sowie Parfaits oder Sorbets aus Zitrusfrüchten (Orangen- oder Zitronen-Halbgefrorenes) passt ein alkoholreicher Dessertwein, der ebenfalls genügend Säure hat.

Beispiele: Riesling Auslese vom Rheingau oder Mittelrhein, von der Mosel, der Nahe und aus Franken oder ein Weißburgunder Eiswein aus Österreich. Aus Frankreich ein Vouvray demi-sec (Loire), ein edelsüßer Jurançon (Sud-Ouest) oder ein Muscat de Rivesaltes (Roussillon), aus Italien Vin Santo aus der Toskana oder ein Vino Santo aus dem Trentino, aus Ungarn ein moderner Tokaji Aszú (Tokajer). Zu exotischen Früchten ein Schilfwein (Strohwein vom Neusiedlersee), Trockenbeerenauslesen aus dem Seewinkel (Österreich) oder ein Moscatel de Setúbal (Portugal).

Schokoladig-würzige Desserts

Mousse au chocolat aus zartbitterer Schokolade, Cremes mit gerösteten Nüssen und Gewürzen wie Zimt benötigen auch einen herberen, gewürzbetonteren Wein zur Ergänzung.

Beispiele: Eine Grauburgunder Auslese von der Hessischen Bergstraße, ein Sherry Oloroso (Spanien), Madeira Bual oder alter Portwein (Portugal), Maury oder Banyuls Grand Cru (Roussillon) harmonieren mit Schokolade. Eine Gewürztraminer Spätlese aus der Pfalz, ein Rosenmuskateller (Moscato Rosa) oder ein

Goldmuskateller (Moscato Giallo) aus Südtirol oder Gewurztraminer Grand Cru aus dem Elsass passen gut zu gewürzintensiven Desserts.

Sahnig-cremige Desserts

Sie brauchen Weine mit weichem, fülligem Geschmack, etwa eine Grauburgunder Auslese (Baden) oder einen Pinot gris (Elsass), Chardonnay Smaragd aus der Wachau oder Ausbruch Essenz vom Neusiedlersee (Österreich), aus Italien Bianco Passito (Südtirol), Recioto di Soave (Veneto), Picolit (Friaul) oder einen Sauternes oder Barsac (Bordeaux, Frankreich).

Epilog: Digestifs

Zu Zeiten schwerer Mahlzeiten war ein hochprozentiger Verdauungsschnaps fast überlebenswichtig, heute ist das Gläschen danach mehr Genuss als Notwendigkeit. Nach der alten Barregel »Traube zu Traube« passt nach einem Menü mit Wein ein Destillat aus Trauben besser als ein Schnaps aus Getreide (Korn, Whisky). Servieren Sie also einen feinen Weinbrand, Cognac, Armagnac, Marc, Brandy aus Spanien oder Portugal, Metaxa eptá astéron (mit sieben Sternen, Griechenland) oder einen Grappa aus Italien. Manche schätzen auch einen herben Likör mit verdauungsfördernden Extrakten, zum Beispiel einen Kräuterlikör (Absinth, Chartreuse, Bénédictine), einen Artischocken-Bitter (Cynar), einen Limoncello (aus Zitronen) oder einen süditalienischen Fragolino (aus wilden Erdbeeren).

☞ Profitipp

Serviert wird ein Digestif zusammen mit dem Kaffee oder danach. Wer seinen Gästen etwas Leichteres anbieten und den feierlichen Anlass noch einmal würdigen möchte, kann nach dem Dessert (aber vor dem Kaffee, der erschlägt sonst das Aroma) auch ein Glas Champagner servieren.

WEIN UND ANLÄSSE

Gelegenheiten gibt es viele –
Weine, die dazu passen, noch viel mehr.
Die Kunst besteht also darin, aus dem
riesigen Angebot den Wein herauszufinden,
der nach Aroma, Inhalt und Wirkung ideal
zum Anlass passt. Denn es geht nicht nur um
das Geschmackserlebnis, sondern auch um
die Wirkung. Die Suche nach der idealen
Kombination ist eine spannende
Entdeckungsreise.

Munter machende Schlaftablette

Sie kennen es sicher vom Tee: Wenn er nur kurz ziehen darf, wirkt er anregend. Zieht er länger, überwiegt die beruhigende Wirkung, weil er dann mehr Gerbstoffe enthält. So ähnlich ist es auch beim Wein. Bei der Herstellung von Weißwein ziehen die zerquetschten Beeren nur kurz im eigenen Saft, bei Rotwein bleiben sie einige Tage darin, es lösen sich mehr Tannine (→ S. 153), die auch noch im fertigen Wein zu finden sind. Sie sind nichts anderes als die Gerbstoffe im Tee. Also wirkt ein Weißwein eher anregend, ein Rotwein meist beruhigend.

Die Menge macht's

Wäre schön, wenn es so einfach wäre. Aber neben der Weinfarbe ist auch noch die Menge entscheidend. Ein Gläschen, egal ob rot oder weiß, kann munter machen, das Denkvermögen anregen, einen auf neue Gedanken bringen, das Gespräch fördern und eine Party lustig werden lassen. Zwei Gläser können bereits entspannend wirken, den Alltagsstress vergessen lassen, müde machen, den Schlaf vorbereiten und einen tief durchschlafen lassen. Nach drei Gläsern ist man manchmal schon bettreif, schläft auch schnell ein, verbringt aber trotzdem eine unruhige Nacht und fühlt sich am nächsten Morgen wie gerädert, hat vielleicht einen Kater und Kopfschmerzen.

Tagesform

Es ist nicht so, dass jeder zu jeder Tages- oder Jahreszeit die gleiche Menge Wein verträgt. Bei steigendem Luftdruck, wenn sich eine Schönwetterlage ankündigt, verträgt man oft mehr Wein als üblich. Bei sinkendem Luftdruck, schwülem Wetter und Gewitterneigung ist die Wirkung des Alkohols viel schneller zu spüren als sonst. Wer das bei jeder Gelegenheit berücksichtigt, lernt am besten, wie man mit Wein richtig umgeht.

Wie Wein wirkt

Ein Glas Wein enthält mehr als tausend Inhaltsstoffe, die alle auf ihre Art beim Genuss wirksam werden. Wenigstens drei davon sind grundlegend wichtig: Alkohol, Polyphenole und Aromen.

Alkohol

Wein enthält etwa 8 bis 15 Volumenprozent Alkohol (→ S. 26/27). Im Vergleich dazu weist Bier etwa 4 bis 6 und Schnaps bis zu 40 Volumenprozent Alkohol auf. Alkohol in Maßen – pro Tag um die 30 g bei Männern und 15 g bei Frauen – wird eine entspannende und positive gesundheitliche Wirkung nachgesagt, etwa die Verbesserung der Cholesterinwerte im Blut. Doch in größeren Mengen macht er betrunken und fahruntüchtig. Deshalb sollte Wein immer bewusst und maßvoll genossen werden.

Polyphenole

Diese Inhaltsstoffe zählen zu den Antioxidantien, die als Schutzstoffe im Körper wirken und schädliche Eindringlinge abfangen. Sie beugen Herzinfarkten vor, senken den Blutdruck und helfen, negative Auswirkungen von Stress zu entschärfen. Die meisten Polyphenole sind zwar in Rotweinen enthalten, aber die der Weißweine scheinen stärker wirksam zu sein, sodass der Effekt ähnlich ist.

Aromen

Das meiste, was wir schmecken, nehmen wir über den Geruchssinn wahr (→ S. 58). Die Düfte oder Aromen eines Weins erfreuen nicht nur die Nase, sondern sind enorm psychoaktiv, sie wirken also auf Stimmungen und Gefühle ein. Auf Düfte reagieren diejenigen Bereiche des Gehirns, die das Verhalten steuern, direkt und sofort. Aromen können entspannend und beruhigend wirken, Konzentration und Arbeitslust fördern oder die Stimmung aufhellen. Ein bestimmter Duft kann die Erinnerung an ein angenehmes oder unangenehmes Ereignis wecken. Wer einen schönen Urlaub in der Provence verbracht hat, wird durch einen Wein, der nach Lavendelblüten riecht, einen Rosé von den Coteaux d'Aix-en-Provence zum Beispiel, in Ferienlaune versetzt. Hatte er dagegen einen Familienstreit am Rand eines Lavendelfeldes, wird dieser Duft eine eher unangenehme Stimmung erzeugen.

Nebenwirkungen

Bei empfindlichen Menschen kann schon ein Glas Wein, vor allem Rotwein, spontan Kopfschmerzen, Migräneanfälle oder eine allergische Reaktion erzeugen. Schuld daran sind Histamine, die bei der alkoholischen Gärung entstehen. Sie kommen auch im Käse vor. Am wenigsten Histamine enthalten trockene Weißweine, die dadurch oft besser vertragen werden.

Ein Zuviel an Wein erzeugt den berüchtigten Kater am nächsten Tag. Die Erfahrung rät: Wenn man abends merkt, dass Kopfschmerzen im Anzug sind, sehr viel (2 bis 3 Liter) magnesiumreiches Mineralwasser trinken. Und wenn man doch einmal einen Kater hat: am nächsten Morgen viel trinken (keinen Alkohol!) und Salziges essen.

VORSICHT, GLATTEIS! VORSICHT, GLATTEIS! VORSICHT, GLATTEIS! VORSICHT, GLATT

- Es gibt keine festen Regeln, wie ein bestimmter Wein wirkt. Am besten sich selbst und andere beobachten.
- Die Reaktion, die die Aromen eines Weins bei anderen auslösen, sind nicht vorhersehbar. Was dem einen ein Lächeln ins Gesicht zaubert, kann den anderen traurig stimmen.
- Trinken und Autofahren ist tabu. Der versierte Weinliebhaber klärt schon vor der Fahrt ab, wie er wieder nach Hause kommt.

Wein verantwortlich genießen

Wein hat viele positive Eigenschaften – aber auch negative, wenn zu viel davon getrunken wird. Vor allem Frauen müssen vorsichtig sein, denn sie vertragen weniger als Männer, weil sie den Alkohol langsamer abbauen. Und für Schwangere und Stillende ist Alkohol ohnehin tabu.

Die Leber schonen

Nicht die tägliche Gesamtmenge, sondern die Menge, die innerhalb einer bestimmten Zeit getrunken wird, entscheidet darüber, wie hoch der Promillespiegel im Blut ansteigt. Ein Mann kann etwa 10 Gramm reinen Alkohol (etwa 125 Milliliter eines Weins mit 10,5 %), eine Frau etwa 8,5 Gramm reinen Alkohol (etwa 100 Milliliter dieses Weins) langsam pro Stunde trinken, ohne dass der Alkoholspiegel ansteigt. Diese Menge können Magen und Leber ohne Probleme verarbeiten. Trinkt man mehr, steigt der Promillewert an, und zwar umso stärker, je mehr und je schneller man trinkt.

Nie mehr als 0,5 Promille

Ein Blutalkoholwert von mehr als 0,5 Promille ist nicht nur für Autofahrer, sondern auch für die Leber schlecht. Ab dieser Grenze muss sie zusätzlich ein alkoholspaltendes Enzym (MEOS genannt) einschalten, was aber leberschädigende freie Radikale freisetzt.

Genuss oder Sucht

Zu viel Alkohol kann auch zum Risiko für Körper und Existenz werden: wenn Wein zur Droge wird, von der immer größere Mengen zwanghaft konsumiert werden und um die sich schließlich das ganze Leben dreht. Aus eigener Kraft kommt aus dieser Situation kaum ein Mensch heraus – hier kann nur die Suchthilfe noch einen Weg aufzeigen.

Wann welcher Wein passt

Genuss und Wirkung lassen sich beim Wein wunderbar verbinden: Ein Gläschen Sekt schmeckt und hilft ganz nebenbei gegen niedrigen Blutdruck und Wetterfühligkeit, die Bürofeier am Nachmittag gelingt mit einem leichten Tropfen viel besser, und das Candlelight-Dinner am Abend wird mit einem samtigen Rotwein noch gemütlicher.

Das »Frühschlückchen«

Ein Tipp von einem Winzer aus dem Rheingau: am späteren Morgen ein kleines Gläschen Riesling Spätlese edelsüß für den Kreislauf, leicht gekühlt in kleinen Schlückchen trinken. Es hilft tatsächlich. Ein Wein mit natürlicher Süße wirkt offenbar doppelt: Sowohl der Zucker wie auch der Alkohol lassen den Serotoningehalt im Gehirn ansteigen. Dieser »Botenstoff« befördert gute Laune von Körperzelle zu Körperzelle. Auch nicht zu herber Sekt ist für viele, die unter niedrigem Blutdruck leiden, eine echte Hilfe. Aber nur ein kleines Glas! Durch die Kohlensäure wird der Alkohol besonders schnell aufgenommen, der Blutalkoholspiegel steigt rascher an.

Wein zum Mittagessen

Wein macht Appetit und hilft auch bei der Verdauung. Mittags sollte er aber nicht schwer, sondern leicht, jung und frisch sein, also kommt vor allem ein Weißwein (mit höchstens 12 Volumenprozent) in Frage. Da man in der Regel danach weiterarbeiten sollte, muss er spritzig-belebend und anregend wirken. Dass sich ein Gläschen positiv auf das Denkvermögen auswirkt, ist kein Werbegag der Winzer, sondern eine wissenschaftliche Erkenntnis. Am besten sollte der Wein nach Zitrusfrüchten duften wie ein Riesling von der Mosel oder aus dem Rheingau (Deutschland) oder der Thermenregion (Österreich) – aber Vorsicht bei einem

Geschäftsessen (→ S. 120/121) – oder ein Grüner Veltliner Steinfeder aus der Wachau (Österreich), Chasselas aus dem Waadtland (Schweiz), Frascati Superiore
aus dem Latium oder Gavi di Gavi aus dem Piemont
(Italien), Muscadet oder Pouilly-Fumé von der Loire
oder Chardonnay aus Korsika (Frankreich), ein nicht
zu üppiger Colombard-Chardonnay aus Kalifornien.
Beim Rotwein ist es schwieriger, am ehesten geht
noch ein nicht zu alter Rioja mit Eukalyptusduft
(Spanien).

Nachmittagsweine

Die Arbeit ist vorbei, man trifft sich auf ein Glas oder
feiert im Büro einen Geburtstag. Da hierbei die Ge-
spräche wichtiger sind als das Genießen, ist ein nicht
zu fülliger, eher eleganter, dezenter Rotwein richtig:
Er ist bekömmlich und man kann davon auch ein
Glas mehr trinken. Gute Begleiter zum Ausklingenlas-
sen und Entspannen sind zum Beispiel ein trockener
Dornfelder aus der Pfalz oder ein fruchtiger, trockener
Trollinger aus Württemberg (Deutschland), ein Valpolicella Classico Superiore aus dem Veneto (Italien), ein
nach Orangenschale duftender Blauburgunder aus der
Ostschweiz oder ein nach Rosen und Lakritz riechen-
der roter Landwein aus Kreta (Griechenland).

Händelstifter

Aus Baden stammt diese Bezeichnung für einen Spätburgunder Weißherbst, also einen Roséwein, der aus
nur einer Rebsorte – dem Spätburgunder – gekeltert
ist. Es heißt, dass man nach seinem Genuss keinem
Streit mehr aus dem Weg gehen wird. Tatsächlich können einige Rosés streitsüchtig machen: »Gleichge-
presste« aus Österreich, »Süßdruck« aus der Schweiz,
vor allem auch Rosés aus der Provence, aus Süditalien
(Apulien) oder aus Zentralspanien (Valdepeñas). Also
besser einen großen Bogen um Roséweine machen,
wenn man in diskutierfreudiger Gesellschaft ist.

Kuschelweine

Ein Candlelight-Dinner bei einer guten Flasche Wein lässt jeden dahinschmelzen. Denken Sie aber daran: Wein wirkt bei Frauen anders als bei Männern. Was einen selbst munter macht, kann beim Gegenüber genau das Gegenteil bewirken, vor allem, wenn mehr als ein Glas getrunken wird.

Gut geeignet sind nach Blüten duftende, nicht zu schwere, weiche, schokoladige Rotweine, die nach vollreifen schwarzen Beeren und dunklen Kirschen riechen und schmecken. Zum Beispiel ein älterer Tempranillo mit etwas Cabernet Sauvignon aus Spanien, ein reifer Shiraz aus Australien, ein zart nach Veilchen duftender alter Vino Nobile di Montepulciano aus der Toskana, der seine jugendliche Härte abgelegt hat. Ebenso ein weicher, fülliger, an Brombeeren und süße Mandeln erinnernder Barbera d'Asti Superiore aus dem Piemont oder eine nach Teerosen duftende Spätburgunder Spätlese aus Baden mit reifen Brombeeren und einem Hauch Vanille im Geschmack. Gut für den Blutdruck ist auch ein sehr guter Champagner zum Dessert.

Meditationsweine

Wenn man abends allein oder zu zweit einfach nur einen großartigen Wein genießen möchte, um zu entspannen, über den Wein zu philosophieren und sich auf den Schlaf einzustimmen, ist vor allem ein großer Rotwein ein guter Begleiter, zum Beispiel ein gehaltvoller Spätburgunder aus dem Barrique (Deutschland) oder ein großer, älterer Bourgogne Pinot noir (Burgund, Frankreich). Aus Venetien (Italien) ein älterer Rosso del Veronese oder Appassimento, ein Amarone della Valpolicella Classico, ein großer Merlot aus Südafrika. Als Schlummertrunk empfiehlt sich auch ein Weißwein, etwa ein reifer, nicht zu herber Gewürztraminer aus Baden oder der Pfalz (Deutschland), aus Gumpoldskirchen (Österreich) oder dem Elsass.

Jahreszeiten-Weine

Besonders im Frühjahr und im Herbst, wenn Sonne und Regen häufig wechseln, leiden viele Menschen unter dem Wetter. Kopfschmerzen, Kreislaufbeschwerden oder Beklemmung sind typische Anzeichen dafür. Auch Wein wird je nach Wetterlage unterschiedlich vertragen. Kündigt sich nach Sonnenschein Regen an, ist die Wirkung von Alkohol schneller zu spüren. Dann ist ein leichter, spritziger Weißwein, Sekt oder Prosecco besser als ein schwerer Rotwein. Zeigt sich nach dem Regen wieder die Sonne, bekommt den meisten auch ein kräftiger Wein besser als üblich.

Frühlingsweine

Den Namen haben die Winzer aus Bordeaux geprägt – für die Weiß- und Roséweine des letzten Jahres, die im Frühjahr auf Flaschen gefüllt werden. Diese jungen Weine schmecken frisch und fruchtig, prickelnd und lebendig und passen bestens zu dieser Jahreszeit. Im Frühling schmecken auch Weißweine, die nach Frühlingswiesen duften, wie ein Pouilly-Fuissé aus dem Burgund, ein Sauvignon von der Loire (Frankreich), eine Cuvée (→ S. 152) aus Chardonnay und Roditis vom Peloponnes (Griechenland) wie auch viele andere junge, leichte Chardonnays. Auch ein Roero Arneis aus dem Piemont oder ein Gavi di Gavi (Italien), ein Blanc de Blancs aus Südwestfrankreich, die alle nach Flieder duften, passen gut in diese Zeit.

Sommerweine

In die Zeit der Gartenfeste und Grillpartys passen kühlende und leichte Partyweine (→ S. 63–65). Wenn's etwas kräftiger sein soll: ein Müller-Thurgau mit Minzaroma aus Würzburg (Franken), ein trockener Grauburgunder von der Saale, weißer Verdejo aus Rueda oder ein Merlot Rosé aus dem Penedès (Spanien). Ein Tavel (Rosé) oder Lirac (Rotwein) von der

südlichen Rhône, beide kühl zu trinkende Terrassen-
weine, wie auch ein Rosé von den Côtes de Gascogne
aus dem Sud-Ouest (Frankreich). Besonders edel: ein
Champagner Blanc de Blancs (nur aus Chardonnay-
Trauben), er ist leicht, schlank und frisch.

Herbstweine

Federweißer und Zwiebelkuchen, das Südtiroler »Törg-
gelen« mit neuem Wein und heißen »Keschte« (Ess-
kastanien), Speck und Schüttelbrot, das Eintreffen des
Beaujolais Primeur am dritten Donnerstag im November – der Herbst ist die Jahreszeit der jungen Weine.
Aber auch der nicht zu tanninreichen (→ S. 153) Rotweine wie Valpolicella, Merlot und Spätburgunder, die
leicht gekühlt serviert werden können – gerade so,
dass man sie beim Trinken als frisch empfindet. Diese
Weine passen auch gut zu Wild und Pilzen. Auch etwas
kräftigere wie trockener Domina vom Steigerwald
(Franken), Südtiroler Blauburgunder oder eine Kalte-
rersee Auslese sind gute Begleiter herbstlicher Speisen.

Winterweine

Nun sind Weine mit »wärmenden« Aromen angesagt,
die nach Orangen, Zimt, Vanille und anderen Weih-
nachtsgewürzen duften und weich, rund und warm
schmecken: ein roter Cru Bourgeois aus dem Médoc,
Tautavel (Côtes du Roussillon-Villages), Pommard
Premier Cru aus dem Burgund (Frankreich), Blauburgunder aus der Ostschweiz oder Tessiner Merlot, ein
Blaufränkisch Barrique aus dem Burgenland (Österreich), ein Cabernet Sauvignon aus Sizilien (Italien),
eine Tempranillo Gran Reserva (Spanien), ein scho-
koladiger Shiraz aus dem Barossa Valley (Australien).
So recht zum Kaminfeuer passen auch Süßweine wie
ein üppiger Gewurztraminer aus dem Elsass, ein roter
Maury Vin Doux Naturel aus dem Roussillon (Frankreich), Rosenmuskateller aus Südtirol oder dem Trentino (Italien) oder ein feiner Tawny Port (Portugal).

vinos por copa

blanco
- Clot d'Encis   Terra Alta   € 2,40,
- Nou Nat   Mallorca   € 3,20
- Jose Pariente   Rueda   € 3,-

tinto
- Josep Foraster   Cataluña   € 2,50
- Sierra Cantabria   Rioja   € 2,80
- Prado Rey   Ribera del Duero   € 3,-
-     Mallorca   € 3,2o
- Carmesí

rosado
- Viñas del Vero   Somontano   € 2,40

Cava
- Xamfra brut nature   Catal.   € 3,-

Oporto
- Dow's   Tawny 10años   Oporto € 5,-

WEIN IM RESTAURANT

Wer in eine Weinstube geht, will etwas trinken. Wer in ein Restaurant geht, möchte etwas essen. Da aber für die meisten Weinliebhaber zu einem guten Essen ein guter Wein gehört, wird es schwierig. Riesige Weinkarten, unkundiges Personal, die Angst, vor Gästen oder Geschäftspartnern einen unpassenden Wein auszusuchen, ein umständliches Servierzeremoniell – all dies können echte Stressfaktoren sein.

Tisch- und Weinkultur

Plastiktisch und Papierservietten oder feines Leinentischtuch und Stoffservietten sind nicht nur eine Frage der Lebensart, sondern auch der Kosten, die ein Wirt erst einmal tragen muss, ehe der Gast überhaupt Platz nimmt. Da er mit den Essenspreisen kaum seine Unkosten decken kann, muss er über die Getränke Gewinn erwirtschaften. Und dafür ist, zumindest bei uns, der Wein optimal geeignet, denn kaum jemand weiß, was ein bestimmter Wein im Einkauf gekostet hat. Es sei denn, er kennt den Wein und hat ihn selbst schon im Fachhandel gekauft.

Quellen

Haupteinkaufsquelle für die Gastronomie (also klassische Gaststätten und Restaurants) ist der Weinfachhandel. Nicht viel weniger Flaschen werden auch direkt beim Winzer bezogen, vor allem natürlich von Gaststätten in Weinbaugebieten und von sehr guten Restaurants, die Wert auf individuelle Weine legen. Der Rest stammt von Genossenschaften und Importeuren, die auf bestimmte ausländische Weine spezialisiert sind. Cash & Carry-Märkte dagegen spielen nur eine untergeordnete Rolle.

Preise

Üblicherweise schlägt der Gastwirt auf seinen Einkaufspreis 200 bis 300 Prozent auf. Je nach Geschäftspraktiken können es auch bis zu 1.000 Prozent, sprich das Zehnfache des Einkaufspreises sein. Da werden dann aus einer Literflasche, die im Einkauf gerade mal zwei Euro kostet, fünf Gläschen zu je vier Euro ausgeschenkt.

Weine direkt vom Winzer können im Restaurant preiswerter angeboten werden als Weine vom Fachhandel, da der Zwischenhandelsaufschlag entfällt. Bei Lokalen mit angeschlossener Vinothek (also separatem

Weinverkauf) wird oft ein pauschaler Aufschlag auf den Flaschenpreis des Direktverkaufs vorgenommen, sodass die Preisgestaltung einfach zu verstehen ist.

 ## Profitipp

Bei preiswerten Weinen fällt der Aufschlag in der Regel höher aus als bei teuren Weinen, wo die Ausgangsbasis bereits hoch ist. Das heißt: Teure Weine sind im Restaurant relativ günstiger als billige.

Korkengeld

In manchen Lokalen und Restaurants ist es möglich, einen eigenen Wein mitzubringen und ihn zum Essen zu trinken. Dafür wird ein sogenanntes »Stopfengeld« pro Flasche berechnet (in Österreich auch »Stoppelgeld«, in der Schweiz »Zapfengeld« genannt). Üblich ist das bei Hochzeiten oder anderen größeren Familienfeiern, es ist aber auch dann möglich, wenn man zu einem Essen einen besonderen Wein trinken möchte, den das Restaurant nicht anbietet.

Der Preis für die Bereitstellung des Personals und der Gläser kann von knapp fünf Euro bis über 15 Euro (je nach Preisniveau des Restaurants) pro Flasche reichen. Wer also die Absicht hegt, eigenen Wein mitzubringen, sollte vorher nachfragen und sich (bei größeren Feiern) die Höhe des Stopfengeldes schriftlich bestätigen lassen.

Getränkewahl

Ein Gast, so denken offenbar viele Kellner, muss Durst haben, wenn er sich an den Tisch setzt. In einfachen Gaststätten wird meist als Erstes gefragt, was man trinken möchte. In besseren Lokalen kommt höchstwahrscheinlich die Frage nach einem Aperitif vor dem Essen. Wer jetzt eine große Flasche Mineralwasser oder ein kleines Pils bestellt, ist in jedem Fall fein raus. Er kann sich in Ruhe der Speisekarte widmen und hat sich auch im guten Restaurant nicht als Banause geoutet, denn ein feinherbes Pils statt Sherry oder Champagner ist in der Tat ein idealer Aperitif.

Glas oder Flasche

Das Weinangebot lässt sich in vier Typen aufteilen, wobei nicht jedes Restaurant alle Typen anbieten wird.

- Offene Hausweine (meist am Ende der Speise- oder Weinkarte zu finden), einfache Tropfen aus Literflaschen für den kleinen Geldbeutel, in Weingegenden oft ordentlich, sonst eher mäßig. Im Ausland dagegen sind das fast immer gute Landweine, die zum Essen passen und meist nicht glasweise, sondern in Karaffen mit ½ oder 1 Liter Inhalt serviert werden.
- Offene Spezialangebote (auf der Tages- oder Wochenspeisekarte), in der Regel bessere Weine, die oft zu den Saisongerichten passend ausgewählt wurden. Darunter finden sich in guten Restaurants auch echte Raritäten von bekannten Winzern, die zu fairen Preisen angeboten werden.
- Standard-Flaschenweine (in der Weinkarte oder als Anhang zur Speisekarte). Es handelt sich um ein Basisangebot, oft sind auch »halbe Flaschen« (mit 375 ml Inhalt) darunter. Diese halben Flaschen kosten nun aber nicht die Hälfte der ganzen Flasche, sondern sind deutlich teurer.
- Spezielle Flaschenweine (als Empfehlung zu Menüs oder auf einer gesonderten Weinkarte), die zur

Saison oder der Speisekarte passen. Es sind ausgesuchte Weine oder die »Schatzkammer« des Hauses
mit seltenen, teuren Weinen, von denen oft nur
noch einzelne Flaschen vorrätig sind.

Offene Spezialangebote

Stehen viele offene Sorten im Angebot, ist Vorsicht angebracht. Einmal geöffnet, wird vor allem Weißwein
meist nicht besser, sondern schal und »müde«. Es gibt
zwar Konservierungssysteme, die den Leerraum in der
Flasche mit einem geruchs- und geschmacksneutralen
Schutzgas (Stickstoff und Kohlendioxid) füllen, sodass
der Inhalt über mehrere Tage frisch bleibt. Diese
Systeme verteuern aber natürlich den Preis pro Glas.
Rotweine können geöffnet nach ein bis zwei Tagen sogar noch besser werden, aber kaum ein Wirt verrät,
wie lange die Flasche schon offen ist.

Ein Trend in der »Erlebnisgastronomie« sind schicke
Weinbars zur Selbstbedienung, bei denen die Flaschen
(mit Etikett nach vorn) in einem temperierten Glas-
schrank stehen und der Wein mittels Gasdruck glasweise gezapft werden kann. Nachteil ist bei manchen
Weinen, dass sich ihr Aroma durch das konservie-
rende Gas erst nach einiger Zeit im Glas entwickelt.

Weine zum Menü

In der gehobenen Gastronomie ist es üblich, ein Menü
auch mit passender Weinbegleitung anzubieten. Dabei
wird zu jedem Gang ein anderer, mit dem speziellen Gericht harmonierender Wein ausgeschenkt. Das kann
lehrreich, aber auch eine Enttäuschung sein, wenn die
Kombination nicht den persönlichen Geschmack trifft.

Bessere Weine glasweise bestellen

Ein besseres Restaurant wird auch hochwertigere
Weine offen anbieten. Falls sie nicht auf der Karte stehen, auf jeden Fall danach fragen! Allerdings ist der

Preis für ein Glas deutlich höher als der Flaschenpreis geteilt durch die Anzahl möglicher Gläser. Oftmals ist dann eine »halbe« Flasche günstiger als zwei Gläser. Ein offener Wein ist trotzdem eine gute Wahl:

- Wenn man zu zweit verschiedene Gerichte isst, zu denen jeweils ein anderer Wein passt.
- Wenn nur einer am Tisch Wein zum Essen trinken möchte.
- Wenn eine Runde einige Weine probieren möchte, ehe sie vielleicht doch eine ganze Flasche ordert.

VORSICHT, GLATTEIS! VORSICHT, GLATTEIS! VORSICHT, GLATTEIS! VORSICHT, GLATT

- Wird ein offener Wein nur mit Rebsorte oder Herkunft (»Müller-Thurgau«, »Rotwein, Italien«) bezeichnet, besser bei Mineralwasser oder Bier bleiben.
- Auf die Glasgröße achten – in Weinbaugebieten ist ein echtes »Viertele« (0,25 Liter oder 25 cl) üblich, sonst hat sich die 0,2-Liter-Menge eingebürgert. Teurere Weine werden oft nur in der halben Menge, also in 0,1-Liter-Gläsern, ausgeschenkt.

Nehmen Sie sich Zeit zum Lesen der Weinkarte.

Weinkarten lesen

Eine Weinkarte kann eine mehr oder weniger ausführliche Liste oder aber ein ganzes Buch sein. Die andere Seite dieser beiden Extreme: Der Kellner kennt die Weine auswendig – ein Pinot grigio, ein Chardonnay und ein Chianti. In diesem Fall sollte man vielleicht besser bei Wasser oder Bier bleiben, denn die Qualität solcher Weine liegt meist unter Supermarktniveau.

Aufbau studieren

Gibt es aber doch Karte oder Buch, wird oft nur ein Exemplar pro Tisch gebracht und dem Herrn am Tisch überreicht, der offensichtlich bezahlen wird. Bitten Sie dann um eine Karte für jeden, damit alle gleiche Chancen haben. Da das Studium einige Zeit in Anspruch nimmt, lässt man Sie in guten Restaurants auch solange in Ruhe. Lesen Sie die Karte so, als wollten Sie in einer Buchhandlung ein Buch schnell auf seinen Inhalt überprüfen. Gliederung, Überschriften und ein paar Passagen mit näherer Beschreibung sollten Sie genauer lesen.

Grundsätzlich enthalten die meisten Weinkarten die Kategorien Sekt und Champagner, Weißweine, Rotweine, alkoholangereicherte Weine (wie Wermut, Sherry, Madeira) und vielleicht noch ausgesprochene Dessertweine. Aber jede Karte ist anders aufgebaut: die eine nach Weißwein, Roséwein, Rotwein, die andere (meist umfangreichere) nach der Herkunft der Weine, also zum Beispiel Frankreich, Italien, Deutschland und Österreich. Die Länder sind dann möglicherweise sogar noch nach Regionen aufgeteilt. Wenn es eine gut aufgebaute Karte ist, folgt sie einem Prinzip, zum Beispiel Aufteilung der Regionen von Nord nach Süd. Das gibt dem Geübten bereits einige Anhaltspunkte, welche Weine für ihn in Frage kommen.

Überblick

Stil und Anspruch eines Restaurants sollen sich im Idealfall in der Karte wiederfinden. Wenn diese fantasievoll gestaltet ist und die Weine informativ beschrieben sind, wird sich der Gast auch gut aufgehoben fühlen. Achten Sie darauf, ob alle wichtigen Informationen zu den Weinen aufgeführt sind: Jahrgang, Weinname, Qualitätsstufe, Geschmacksrichtung, Rebsorten, Hersteller, Region, Land, Flaschengröße und der Preis.

Oft sind die Weine auf einer Seite nach dem Preis sortiert, was für den Gast den Vorteil hat, dass er schnell abwärts schauen kann bis zu dem Wein, den er zu zahlen bereit ist. Der Nachteil dabei ist, dass interessante Weine oft übersehen werden. Ein clever rechnender Gastronom beginnt in der Regel mit einem niedrigen Flaschenpreis (für den Hauswein), darauf folgen in etwa gleicher Preisspanne die etwas teureren »Renner« (die meistgefragten Weine mit bester Gewinnmarge), und zum Schluss kommen die Liebhaberweine, die oft sehr kundenfreundlich kalkuliert sind.

Einkreisen

Es gibt (leider wenige) Weinkarten, bei denen die Weine nach Typen sortiert sind: leichte Weißweine, schwere Weißweine, milde oder süße Weißweine, leichte Rotweine und so weiter. In jedem Fall ist es am besten, einmal schnell über die Seiten zu schauen und dabei dem eigenen Instinkt zu vertrauen. Meist bleibt man dann bei einem Wein hängen – sei es, dass er aus einer Region kommt, zu der man eine besondere Beziehung hat, oder dass einem ein ähnlicher Wein schon einmal sehr gut geschmeckt hat. Oder es ist ein Wein aus einem Land, in dem man kürzlich seinen Urlaub verbracht hat oder in das man demnächst fährt, oder einer, der zu einer bestimmten Situation oder einem Ereignis wie beispielsweise einem Hochzeitstag besonders passend erscheint. Diesen Wein sollten Sie dann auch ins Auge fassen.

Regionalweine

Ein Restaurant, das eine regionale Küche pflegt, wird mit Sicherheit auch die Weine dieser Region führen und diese in der Regel besonders sorgfältig auswählen. Wer fränkisch kocht, hat auch einen guten Frankenwein auf der Karte. Und ein Restaurant mit Südtiroler Küche wird wahrscheinlich auch bessere Weine aus dieser Region anbieten. Ebenso kann auch die Herkunft Ihres Gastes die Wahl beeinflussen. Ein Badener wird sich geschmeichelt fühlen, wenn Sie für ihn einen Riesling aus der Ortenau aussuchen. Ein Besuch aus Übersee wird sich freuen, wenn Sie einen Wein aus dessen Heimat ordern. Wichtig ist die emotionale Beziehung des Gastes zum Wein.

SICHT, GLATTEIS! VORSICHT, GLATTEIS! VORSICHT, GLATTEIS! VORSICHT, GLATTEIS!

- Alter Wirtetrick: Ist die Weinkarte nach Preisen sortiert, wählen die meisten Gäste den dritten Wein von oben – nicht zu billig, nicht zu teuer. Dieser Wein (der »Renner«) wird gern mit dem höchsten Aufschlag versehen.
- Schauen Sie auf den Jahrgang! Einfache Weißweine, die vier bis fünf Jahre alt sind, liegen wahrscheinlich schon zu lange im Weinregal. Gute Rotweine, die älter als drei, aber jünger als sieben Jahre sind, befinden sich vielleicht gerade in einer Verschlussphase (→ S. 147).

Sich beraten lassen

Gute Restaurants beschäftigen einen Getränkeberater, französisch »Sommelier« (sprich: Ssommeljee). Er oder sie ist für Einkauf und Lagerung der Weine zuständig, kennt sich also (meist) sehr gut aus und weiß, welches Getränk (nicht nur Wein) zum Essen besonders gut passt. Oder umgekehrt, welches Gericht besonders gut mit einem bestimmten Wein harmoniert. Seine Hilfe sollten Sie immer in Anspruch nehmen, wenn Sie sich nicht spontan entscheiden können.

Richtig fragen

Auch wenn der Sommelier weiblich ist, müssen Sie nicht aufstehen, wenn sie an Ihren Tisch kommt. Wenden Sie sich auf jeden Fall ihr oder ihm zu, nicht der Weinkarte. Sagen Sie nie, dass Sie nichts von Wein verstehen – jeder versteht etwas von Wein, und sei es nur, ob er ihm schmeckt oder nicht. Geben Sie an, welche Gerichte Sie essen werden, ob Sie gern verschiedene Weine dazu trinken möchten oder lieber nur einen Wein zum ganzen Menü. Da der Sommelier fast immer weiß, wie die Gerichte zubereitet sind, kann er einen oder mehrere Weine zur Auswahl empfehlen, die zum ganzen Menü passen, oder auch zu offenen Weinen raten. Wenn es ein Profi seines Faches ist, wird er Sie fragen, welche Weine Sie besonders mögen und welche nicht, ob Sie lieber trockene oder eher fruchtige (also halbtrockene oder sogar liebliche), leichte oder kräftigere Weine bevorzugen. Auch ein Gast kann ihm als Anhaltspunkt dienen: »Wir haben Besuch aus Südafrika, vielleicht gibt es einen Wein aus seiner Heimat.«

👉 Profitipp

Lassen Sie den Sommelier diskret spüren, wie viel Sie für den Wein ausgeben möchten (siehe rechts).

Geheimsprache

Wenn Sie nach einem »leichten, frischen, jungen Wein« fragen, signalisieren Sie damit, dass Sie nicht zu viel Geld ausgeben wollen. Noch besser: Nennen Sie die Preisgruppe, zum Beispiel »bis 20 Euro«. Die Aussage, Sie hätten gern einen Wein, der zum ganzen Menü passt, heißt im Klartext: Wir wollen nur eine Flasche trinken. In der Regel (es gibt leider Ausnahmen) wird Ihnen ein nicht zu teurer Wein empfohlen (Sie sollen ja als Gast zufrieden sein) und in der Karte gezeigt, damit Sie auch den Preis begutachten können. Ist er höher, als Sie veranschlagt hatten, fragen Sie nach einer Alternative. Ein sensibler Mensch wird sofort verstehen, was Sie meinen. Merken Sie sich etwas Charakteristisches vom Weinnamen und vor allem auch den Jahrgang (→ Flasche ansehen, S. 112).

Teure Weine

Haben Sie vor, einen Spitzenwein (→ Liebhaberwein, S. 108) im Restaurant zu trinken, sollten Sie das mindestens einen Tag vorher ankündigen. Dann kann der Sommelier entscheiden, wann der Wein aus dem Keller geholt wird, wann er zu öffnen ist, ob er dekantiert (→ S. 118/119) werden muss und welche Gläser eingedeckt werden sollen. Wenn Sie dann noch angeben, was Sie gern essen möchten, wird sich auch die Küche darauf einrichten, ein Gericht oder die Sauce dem Wein entsprechend etwas gehaltvoller zuzubereiten.

☞ Profitipp

Lassen Sie sich den vorgeschlagenen Wein immer in der Weinkarte zeigen, damit kein Missverständnis über den Preis aufkommt, was für Sie als Gast ärgerlich wäre. Auch für den Sommelier ist eine Unstimmigkeit äußerst peinlich, er muss sich vor seinem Chef verantworten, wenn die Gäste unzufrieden sind.

Der Wein wird serviert

Endlich ist es so weit, der Wein wird gebracht. Es beginnt eine Reihe von Zeremonien, die durchaus ihren Sinn haben oder zumindest einmal hatten. Vor dem Servieren sollten Sie übrigens besser nicht rauchen, denn eine Zigarette betäubt den Geschmackssinn mindestens 15 Minuten lang. Und den brauchen Sie jetzt ganz dringend, um den Wein zu beurteilen.

Flasche ansehen

Als Erstes wird Ihnen die ungeöffnete Flasche präsentiert, genauer gesagt: das Etikett gezeigt. Achten Sie auf den Weinnamen, den Winzer oder Abfüller (→ S. 28/29) und vor allem auf den Jahrgang – er sollte mit demjenigen in der Karte übereinstimmen. Weicht er davon ab, sprechen Sie den Kellner darauf an. Es könnte ja ein besserer Jahrgang sein, aber auch ein gerade »verschlossener« Rotwein (→ S. 147). Jetzt haben Sie noch die Möglichkeit, einen anderen zu bestellen.

VORSICHT, GLATTEIS! VORSICHT, GLATTEIS! VORSICHT, GLATTEIS! VORSICHT, GLATT

Bringt der Kellner eine andere Sorte als die bestellte, weil jene ausgegangen, diese hier aber genauso gut sei, unbedingt den Preis nennen lassen! Es gibt leider Fälle, bei denen einem mit diesem Trick teurere Weine als die bestellten untergeschoben werden.

Lizenz zum Öffnen

Wenn Sie jetzt mit dem Kopf nicken oder »in Ordnung« sagen, haben Sie das Okay fürs Öffnen gegeben. Die Kapsel wird abgeschnitten (auch eine Kunststoffkapsel sollte ordentlich mit dem Kellnermesser, nicht mit der Reißleine abgetrennt werden, → S. 47/48) und der Korkstopfen herausgezogen. Perfekt ist es, wenn dabei nur ein sehr dezentes »Plopp« ertönt.

Riechen und Probieren

Zunächst wird der Sommelier am Korkstopfen schnuppern (mit gebührendem Abstand), um festzustellen, ob der Wein einen Korkschmecker (→ S. 114/115) hat. Dann sollte er die Flaschenöffnung mit einer Serviette säubern und dem Gast einen kleinen Schluck zum Probieren eingießen. Oft gießt sich auch die oder der Servierende eine winzige Menge selbst in ein Glas und testet, ob der Wein in Ordnung ist. Üblicherweise wird demjenigen Gast der Probeschluck angeboten, der den Wein bestellt hat. Er kann das Angebot annehmen oder die Aufgabe an einen anderen Gast am Tisch delegieren. Wird auch der Korken auf einem kleinen Tablett dazugereicht, können Sie ihn ebenfalls beriechen, müssen es aber nicht. Geprüft wird mit raschem Blick die Farbe des Weins, dann intensiver der Geruch und der Geschmack (→ S. 58/59).

Die Entscheidung

Dieser Probeschluck stellt Sie nun vor eine folgenschwere Entscheidung: Schmeckt Ihnen der Wein oder schmeckt er Ihnen nicht? Wenn er nicht schmeckt, kann das heißen, dass er einen Fehler (→ S. 114–117) hat, den man reklamieren kann. Lassen Sie den Sommelier nachtesten. Es kann aber auch bedeuten, dass Sie sich eigentlich einen anderen Wein zum Essen vorgestellt haben. Dann können Sie sich ärgern – oder mit dem Sommelier reden. Er oder sie wird sich auf jeden Fall bemühen, Sie zufriedenzustellen.

☞ Profitipp

Fragen Sie schon bei der Auswahl nach offenen Weinen, die nicht auf der Karte stehen. Das lohnt sich, denn in guten Restaurants werden auch Flaschen, die einem Gast nicht zusagen, zurückgenommen und später glasweise an andere Gäste verkauft.

Korkschmecker und Weinfehler

Eigentlich sollte jeder Wein, der in Flaschen gefüllt wird, einwandfrei sein. Manchmal hat aber der Winzer nicht ordentlich gearbeitet. Zudem gibt es Korkstopfen, die dem Flascheninhalt einen unangenehmen Geschmack verleihen. Manche Flaschen werden auch falsch gelagert, sodass der Wein sein Aroma verändert. Dazu kommt, dass Menschen sehr unterschiedliche Geschmacksempfindungen haben – nicht jeder kann Fehler durch Riechen und Schmecken erkennen.

Korkfehler

Korken sind ein Naturprodukt und damit fehleranfällig. Raubbau an portugiesischen Korkeichen und eine nachlässige Behandlung der Korkrinde haben dazu geführt, dass sich »Korkschmecker« in den letzten Jahren häuften. Korkschmecker (auch »Stoppler« genannt) kann es bei allen Verschlüssen aus Kork geben – also auch (sogar vor allem) bei Presskork (Stopfen aus zusammengeklebten Korkbröseln).

Typisch für diesen Fehler ist ein unangenehmer, muffiger oder modriger Geruch (und Geschmack) nach feuchtem Keller oder Sack, der im Glas immer stärker und unangenehmer wird. Verursacher ist eine Substanz (Trichloranisol, kurz TCA), die schon in geringsten Mengen zu riechen und zu schmecken ist. Sie entsteht vermutlich in Verbindung mit chlorhaltigen Reinigungs- und Desinfektionsmitteln bei der Herstellung und in den Winzerkellern. Ein Korkschmecker kann deshalb sogar (aber sehr selten) in Flaschen ohne Korkverschluss auftreten. Er verstärkt sich noch erheblich, wenn der Wein mit Mineralwasser vermischt wird.

Ein echter Korkschmecker ist immer ein Reklamationsgrund. Wird der Geruch hingegen im offenen Glas mit der Zeit schwächer, ist es ein flüchtiger Muffton, der meist durch »Umfüll-Dekantieren« (→ S. 118/119) verschwindet.

SICHT, GLATTEIS! VORSICHT, GLATTEIS! VORSICHT, GLATTEIS! VORSICHT, GLATTEIS!

Ehe Sie reklamieren: Sehen Sie sich den Stopfen der Flasche genau an. Es gibt auch Kunststoffkorken, die Naturkorken täuschend ähnlich sehen, vor allem wenn sie einen Aufdruck des Weinguts tragen. Solche Verschlüsse können natürlich kaum einen »Korkschmecker« verursachen!

Verdeckter Korkschmecker

Dieser Fehler wird auch »schleichender Kork« genannt und ist schwierig festzustellen, wenn man nicht weiß, wie der Wein eigentlich schmecken sollte. Solch ein Wein ist einfach ein Nichts, er riecht nur schwach, wirkt irgendwie »staubig«, unausgeglichen, die Fruchtigkeit fehlt. Er hinterlässt manchmal einen bitteren Nachgeschmack oder man spürt nach dem Schlucken ein ganz leichtes Korkaroma in der Nase. Es ist, als wäre der Wein einfach nicht richtig da, als hätte er keine Frische, keine Struktur, keine Saftigkeit und würde nur dünn und flach durch den Mund gehen.

Sollten Sie bei einer teuren Flasche den Eindruck haben, der Wein müsse eigentlich besser oder anders schmecken, fragen Sie den Sommelier nach seiner Meinung. Allerdings werden nur die Geübten unter ihnen diesen Fehler in Erinnerung an den einwandfrei schmeckenden Wein erkennen (und Ihnen eine neue Flasche bringen).

 Profitipp

Nicht jeder Korkfehler ist sofort zu erkennen, manche zeigen sich erst nach einiger Zeit im Glas oder in der Flasche beim Erwärmen. In diesem Fall den Wein nicht tapfer runterwürgen, sondern beanstanden. Erfahrene Sommeliers kennen das Phänomen dieses »verspäteten Korkschmeckers«.

Untypischer Alterungston

Ein Weinfehler (auch kurz »UTA« genannt), der sich durch eine blasse Weinfarbe und einen unangenehmen (aber oft nur schwach ausgeprägten) Duft zu erkennen gibt. Der Geruch erinnert an nasses Holz, feuchte Spüllappen, Karton oder Hundefell, alte Wäsche, Bohnerwachs oder gar Mottenkugeln, der Wein wirkt irgendwie ausdruckslos stumpf, seifig und laugig. Der Fehler ist ein Grund zur Beanstandung.

»Brett«-Fehlton

Ein noch nicht lange definierter Weinfehler, der seinen Namen vom Verursacher, dem Hefepilz Brettanomyces, erhalten hat. Dieser bildet beim Rotweinausbau mehr oder weniger unangenehme Gerüche nach Leder, Teer, Nagellack, Pferdeschweiß, nassem Hundefell, Kuhstall, Katzenurin bis zu Verdorbenem. Beim Probieren lassen sich teerähnlich rauchige, speckige, säuerliche oder medikamentenähnliche Noten erkennen. Bei länger gelagerten Weinen wirken die Gerbstoffe

Schon der Korken gibt Auskunft über manche Weinfehler.

am Gaumen puderähnlich-staubig, sandig und sehr austrocknend. Je nach Intensität reicht dieser »Brett«-Fehlton von noch tolerierbar (zumal er auch bei großen Bordeauxweinen auftritt und dort als charakteristisch angesehen wird) bis hin zu nicht mehr akzeptabel. Allerdings ist die Reizschwelle bei jedem Menschen sehr verschieden, sodass der eine einen »Brett-infizierten« Wein noch als gut, der andere als untrinkbar ansieht.

Essigton

Ein schwacher bis deutlicher Geruch nach Essig (auch »flüchtige Säure« genannt), oft verbunden mit einem kratzig-säuerlichen Geschmack. Er zeigt eine unsaubere Vergärung des Weins durch Essigsäurebakterien an. Sie können sich schon auf den Beeren entwickeln, wenn diese durch Pilzinfektionen oder Insekten beschädigt werden und zu faulen beginnen; aber auch, wenn die Trauben nach der Ernte nicht schnell genug verarbeitet werden oder der Wein beim Ausbau zu viel Luft bekommt. Aus Essigsäure und Alkohol kann sich ein Essigester (Ethylacetat) bilden, der sich durch einen Geruch nach Lösungsmittel (Klebstoff oder Nagellackentferner) bemerkbar macht. Bei höherem Gehalt an »flüchtiger Säure« ist der Wein fehlerhaft.

Trübung und Weinstein

Eine deutliche Trübung oder gar schmierige Schlieren sind bei jungen Weinen ein Fehler, bei älteren könnte es sich um aufgewirbeltes Depot (→ S. 118/119) handeln und ist kein Grund zur Beanstandung. Einfach die Flasche etwas stehen lassen, um den Unterschied zu erkennen.

Helle, weiße Kristalle am Boden und oft auch an den Korken von Weißweinen bestehen aus Weinstein. Sie sind kein Grund zur Reklamation, eher ein Zeichen dafür, dass der Wein vor der Abfüllung nur wenig behandelt wurde.

Das Dekantieren

Dekantieren bedeutet eigentlich, eine Flüssigkeit von ihrem Bodensatz abzugießen. Bodensatz können besonders Rotweine nach längerer Lagerung bilden, wenn sich Tannine (→ S. 153) und Farbstoffe zu größeren Flocken zusammenballen. Der Begriff wird aber auch gebraucht, wenn ein Wein ohne Bodensatz in eine Karaffe umgefüllt wird. Zwei unterschiedliche Vorgänge!

Satz-Dekantieren

Das bedeutet, den Wein von seinem Bodensatz zu trennen, der im Glas nicht nur unschön aussieht, sondern auch den Geschmack beeinträchtigt – er »knirscht« zwischen den Zähnen. Dieses klassische Dekantieren erfordert eine aufwendige Zeremonie: Die Flasche muss ein bis zwei Tage vorher schräg oder senkrecht gestellt werden, damit der Satz, das »Depot«, auf den Boden sinken kann. Zum Dekantieren wird eine eher schmale Karaffe bereitgestellt und eine Kerze angezündet. Sie gibt eine punktförmige Lichtquelle ab, die durch das Flaschenglas gut zu erkennen ist. Die Flasche muss erschütterungsfrei geöffnet und vorsichtig schräg gehalten werden, bis der Inhalt ohne Blubbern in die ebenfalls schräg gehaltene Karaffe fließt. Dabei steht die Kerze unter dem Flaschenhals, sodass das Umgießen sofort unterbrochen werden kann, wenn die erste Trübung zu erkennen ist. Dadurch bleibt natürlich ein kleiner Rest Wein in der Flasche.

VORSICHT, GLATTEIS! VORSICHT, GLATTEIS! VORSICHT, GLATTEIS! VORSICHT, GLATT

- Über 15-jährige Weine können beim Satz-Dekantieren sehr schnell altern oder sogar ungenießbar werden. Sie sollten besser in einem Körbchen serviert und vorsichtig glasweise eingegossen werden.
- Alte rote Burgunder werden meist nicht dekantiert, ihr Depot ist zartflockig und schmeckt süß.

Umfüll-Dekantieren

Darunter versteht man das Umfüllen jüngerer Rotweine in eine Karaffe, um sie mit Luft in Berührung zu bringen. In manchen Restaurants ist es auch ein beliebter Service bei höherpreisigen Weinen, um die Gäste zu beeindrucken. Sinnvoll ist dieses Verfahren, das auch »karaffieren« oder »sturzdekantieren« genannt wird, vor allem bei bis zu drei Jahre alten Rotweinen mit viel Tannin (→ S. 153), das durch den Kontakt mit der Luft weicher und zugänglicher wird. Dafür verwendet man Karaffen mit breitem, ausladendem Bauch, deren Form an einen Eisstock erinnert, damit die Weinoberfläche möglichst groß ist.

Umgefüllt wird mit Schwung – der Wein darf also richtig blubbernd aus der Flasche in die Karaffe umgefüllt werden, um ihn intensiv mit Luft in Berührung zu bringen. Dies hat zudem den Vorteil, dass ein zu kalter Rotwein schneller Trinktemperatur annimmt. Im Restaurant wird diese Methode nicht vor den Augen der Gäste angewandt. Sie würden sich sicher wundern, wie brutal der Sommelier mit dem Wein umgeht. Auch schwere, üppige Weißweine profitieren vom Lufteinmischen, vor allem gehaltvolle aus der weißen Burgunderfamilie wie Chardonnay, Grauburgunder und Weißburgunder.

Für den Hausgebrauch reicht auch der Dekantierausgießer (→ S. 52/53), der Luft einsprudelt, ohne dass der Flascheninhalt komplett umgegossen werden muss. Benötigt ein Wein besonders viel Luft, kann man ihn mit dem Dekantierausgießer in eine Karaffe gießen.

☞ Profitipp

Guten Service erkennen Sie daran, dass Sie gefragt werden, ob der Wein dekantiert werden soll. Lassen Sie dennoch den Profi entscheiden, er weiß am besten, ob der Wein es nötig hat und dadurch zugänglicher wird.

Wein und Business

Ob einfaches Arbeitsessen oder festliche Einladung zum Abschluss eines Geschäfts, bei der Kombination von Business und Wein ist Vorsicht angebracht.

Stress macht Schwips

Eine kleine Menge Wein stärkt das Selbstwertgefühl, erleichtert die Kontaktaufnahme und fördert zwischenmenschliche Beziehungen. Steht man aber bei einem beruflichen Essen unter starker seelischer Anspannung, kann sich der Magenausgang verschließen, man hat weniger Appetit. Wird gleichzeitig Wein getrunken, bleibt auch dieser erst einmal im Magen. Lässt hinterher die Anspannung nach, öffnet sich der Magenausgang, der Wein schießt in den Dünndarm und wird aufgenommen. Das kann ganz schnell einen unerwarteten Rausch verursachen.

Achtung Riesling

Ein Gläschen Weißwein regt das Denkvermögen an und hilft beim Planen und Diskutieren (→ S. 90/91), aber ein spritziger, säurereicher Riesling regt nicht nur an, sondern auch auf! Ein ohnehin schon aufgeregter Gesprächspartner wird noch hektischer. Ein Wein mit viel Säure kann Sodbrennen verursachen, was sich auch nicht günstig auf die Stimmung auswirkt. Besser geeignet sind nicht zu junge, eher neutrale Weißweine mit wenig Säure wie weiße Burgunder (Weißburgunder, Grauburgunder, Chardonnay) oder ein guter Silvaner aus Franken. Ungünstig sind aber fette Chardonnays aus dem Barrique (→ S. 152) mit kräftigen Röstaromen, sie überreizen schnell. Empfehlenswert sind auch leichte Rotweine aus Spätburgundertrauben (Pinot noir), die leicht gekühlt serviert werden sollten. Ebenso ein sehr guter Lemberger aus Württemberg oder ein Blaufränkisch aus dem Burgenland (beide aus der gleichen Rebsorte).

- Meiden Sie beim Geschäftsessen Roséweine. Manche zartrosa Weine, vor allem aus Spätburgundertrauben, können als »Händelstifter« wirken (→ S. 95).
- Der Einladende wird in der Regel den Wein wählen.
- Der Gastgeber fragt nicht, warum jemand keinen Wein trinken möchte, er oder sie hat bestimmt Gründe dafür.

Wein als Präsent

Für eine erfolgreiche Zusammenarbeit bedankt man sich gern mit einem Geschenk, zum Beispiel einer Flasche Wein. Suchen Sie den Wein aber nicht einfach nur nach dem Preis aus, sondern knüpfen Sie möglichst an etwas Persönliches an, etwa mit einem Wein aus einem Jahrgang, der dem zu Beschenkenden etwas bedeutet, oder aus dem Jahr der ersten Geschäftsbeziehung. Auch die Urlaubsvorlieben des Geschäftspartners könnten bei der Auswahl behilflich sein – wenn er gern in Südafrika Urlaub macht, ist es nicht schwierig, einen guten Wein aus dieser Region zu finden. Und auch der Wein eines Winzers, den Sie bei einem beide Seiten zufriedenstellenden Geschäftsessen gemeinsam getrunken oder über den Sie sich unterhalten haben, verleiht dem Präsent eine persönliche Note. Übrigens versenden die meisten Winzer bei Anfrage auch Wein in Geschenkkartons mit beigelegter Grußkarte.

Beim Thema Nachschenken gibt es immer wieder Unsicherheiten:
- Im Restaurant schenkt der Sommelier nach.
- Ist er dabei übereifrig, bitten Sie ihn, erst nachzugießen, wenn Ihr Glas leer ist.
- Ist er unaufmerksam, schenkt der Gastgeber nach oder lässt die Flasche herumgehen.

In ausländischen Restaurants

Zu asiatischen Gerichten trinkt man am besten Tee oder Bier, und zu scharfem Chili con carne passt sowieso kein Wein – diese gängigen Vorurteile werden von den Weinkarten vieler Spezialitätenrestaurants nur bestätigt und sind dennoch nicht wahr.

Beim Italiener

Prima Pizza- und Pastaweine sind gute (!) Valpolicella Classico Superiore oder Bardolino Superiore (Veneto), ein Montepulciano d'Abruzzo oder ein Biferno Riserva (Abruzzen), Merlot oder Pinot nero aus dem Friaul, Primitivo aus Apulien. Zu Fisch und Meeresfrüchten ideal: ein Gavi di Gavi aus dem Piemont, ein Tocai Friulano aus dem Friaul oder ein Trebbiano d'Abruzzo, ein leichter, fruchtiger Weißwein. Zu kräftigen Fleischgerichten ist ein Morellino di Scansano aus der Toskana oder ein Negroamaro aus Apulien ein guter Tipp.

Beim Spanier

Zu Vorspeisen passt ein Rueda, ein leicht würziger, weicher Weißwein aus Duero mit nussigem Aroma. Gute Menüweine sind ordentliche Rioja Crianza, ein Tempranillo Joven aus La Mancha (Zentralspanien), die fruchtig-trockenen Vinos de la Tierra de Castilla (Kastilien) oder ein fruchtig-pikanter Cabernet Sauvignon rosé aus Navarra. Zum deftig geschmorten Fleisch ein weicher, sanfter Tinto Reserva aus Ribera del Duero oder eine Reserva aus Campo de Borja oder Cariñena. Auch gut: ein älterer Rotwein aus Priorat (kann teuer werden).

Beim Chinesen

Außer Reiswein gibt es sehr zahlreiche Weiß- und Rotweine, die gut mit asiatischen Gerichten harmonieren. Generell passen nicht zu trockene, üppige Weißweine am besten, zum Beispiel edelsüße Rieslinge aus dem Rheingau, der österreichischen Wachau oder aus dem Elsass. Ebenfalls fein: Gewürztraminer oder Grauburgunder aus Baden. Ideal sind Chardonnay und Sauvignon blanc aus Australien und Kalifornien, jenen Ländern der Neuen Welt, in denen die asiatische Küche sehr beliebt ist. Zu scharf-würziger thailändischer Küche passt übrigens ein perlender Lambrusco hervorragend – aber nicht die klebrig-süße Version, die bei uns gebräuchlich ist. Mit den exotischen Gewürzen der indischen Küche kommt am besten ein Rivesaltes Vin Doux Naturel aus dem Roussillon klar. Mit 16 Volumenprozent ist er aber kein Durstlöscher.

Schwierig sind japanische Sushi. Ein zart aromatischer Weißwein passt ganz gut, empfehlenswert ist ein trockener Sherry fino. Mit einem Rotwein wie Bardolino wird das Essen jedoch zur Katastrophe.

Beim Mexikaner

Mit der scharfen Küche Mexikos oder Indiens kommen kräftige, gehaltvolle, üppige (also nicht zu trockene) Rotweine wie ein Cabernet Sauvignon oder ein Zinfandel aus dem Napa Valley (Kalifornien), ein Merlot aus Chile, ein Shiraz aus Südafrika oder eine Cabernet-Merlot-Cuvée aus Australien bestens klar. Gut passt auch ein kräftiger, fleischiger Pinotage aus Südafrika. Zu feurig-deftigen Gerichten schmeckt eine Colombard-Chardonnay-Cuvée, wie sie in Kalifornien weit verbreitet ist. Sogar ein gut gekühlter Zinfandel rosé aus dem Napa Valley und ein »White Cabernet« aus Chile, die zu anderen Speisen zu lieblich schmecken würden, passen in diesen Fällen.

👉 Profitipp

Zu leichter, mediterraner Küche passen trockene Weine am besten. Je deftiger die Küche, desto mehr Frucht und Restsüße dürfen die Weine haben.

WEINPROBEN

Eine richtige Weinprobe kann eine
echte Herausforderung sein. Es sollen
mehrere Weine nach- oder nebeneinander
probiert und vor allem beurteilt werden.
Aber keine Angst, das kann jeder. Wer beim
Essen sagen kann, ob es ihm schmeckt
oder nicht, kann das auch beim Wein.
Und wer ein paar wichtige Tricks kennt,
lernt bei jeder Probe ein bisschen mehr
dazu. Üben kann man ja auch zu Hause
bei einer Weinprobe mit Freunden.

Degustieren und Verkosten

Beides meint das Gleiche: einen Wein mit allen Sinnen kosten und auf sich wirken lassen. Da steckt keine Geheimwissenschaft dahinter: Zum Degustieren ist jeder befähigt, der sehen, riechen und schmecken kann. Kein Mensch würde bei der Frage, ob ihm ein bestimmtes Essen zusagt, antworten: Davon verstehe ich zu wenig.

Genauso spontan sollte man das auch beim Wein machen. Schon das einfache Probieren, ob einem ein Wein schmeckt, ist eine persönliche Beurteilung (→ S. 58/59). Beim Degustieren wird man zusätzlich versuchen, eine neutralere, objektivere Bewertung zu finden, den Wein also so zu beschreiben, dass man sagen kann: Dies ist ein besonders guter Wein, weil er diese und jene Eigenschaft hat. Über diese Beurteilung kann man auch mit anderen diskutieren.

Äußere Einflüsse

Ganz objektiv geht das Degustieren natürlich nie vor sich, immer werden der Anlass und die Umgebung, in der eine Probe stattfindet, wie auch die Leute, die daran beteiligt sind, das Urteil beeinflussen. In erster Linie soll das Probieren Spaß machen. Trotzdem ist es nützlich und hilfreich, wenn man weiß, was man beim Verkosten beachten und in welcher Reihenfolge man welche Eigenschaften beurteilen sollte. Und im Unterschied zum Weintrinken wird man beim Degustieren höchstens einen winzigen Schluck die Kehle hinabrinnen lassen, denn man möchte ja möglichst mehrere Weine nacheinander beurteilen und vergleichen. Würde man jedes Mal das Glas austrinken, wäre das Urteilsvermögen bald sehr stark eingeschränkt.

Essen vor der Probe

Die beste Zeit für das Degustieren ist der Vormittag zwischen zehn und zwölf Uhr, also lange nach dem

Frühstück und noch vor dem Mittagessen. Dann sind Geruchs- und Geschmackssinn am sensibelsten. Nachmittags und abends nehmen Nase und Mund weitaus weniger wahr. Die Sinne sind bereits gesättigt, ein Wein kann dann also auch anders schmecken. Wer satt ist, erkennt weniger Aromen, empfindsamer ist man mit nüchternem Magen. Eine Probe mit leerem Magen ist jedoch ungünstig, weil dann der Alkohol schneller ins Blut übergeht.

Nehmen Sie also einen leichten Imbiss zu sich, etwa eine Stunde vor der Probe. Meiden Sie Ölsardinen und Räucherspeck, da das Fett und der Geschmack lange im Gaumen hängen bleiben. Ein deftiges Leberwurstbrot mit Senf – und die ersten Weißweine sind nicht zu schmecken. Obstsalat mit Ananas oder anderen Exoten lässt Rotweine noch Stunden danach bitter und herb wirken. Auch eine Tasse Kaffee legt den Geschmackssinn lange lahm.

Besser ist ein griechisches Frühstück: ein paar Esslöffel gutes Olivenöl mit etwas Zitronensaft verrühren, mit nicht zu frischem Brot auftunken. Oder vor der Probe ein helles Brot mit Butter und einem sehr neutralen Käse wie einem jungen Gouda essen. Oder ein großes Glas Milch trinken. Auch gut: etwas herbe Schokolade oder eine Schoko-Knusperwaffel. Aufpassen: Künstliche Süßstoffe schwächen den Geruchssinn! Vor Weinproben keine Light-Limonaden trinken.

☞ Profitipp

Manche Menschen vertragen Alkohol besser, wenn sie vorher ein Magnesiumpräparat (Apotheke) eingenommen haben. Allerdings: Die Promillewerte im Blut bleiben davon später unbeeinflusst.

Die Vorbereitung

Auch wenn eine Weinprobe eigentlich ganz einfach ist, gibt es doch einige Möglichkeiten, sich als Neuling zu outen: im schwarzen Anzug mit Krawatte erscheinen (bequeme, aber nicht nachlässige Kleidung ist immer richtig), Schreibgerät und Notizbüchlein vergessen, mit dem eigenen Auto kommen, nach Knoblauch oder aufdringlichem Deodorant duften. Bei einer Weinprobe zu Hause sollte man auf duftende Dekorationen wie Aromalampen oder Ähnliches verzichten. Als Ergänzung zum Wein gibt es allenfalls Weißbrot – der Hunger wird anschließend gestillt.

Der eigene Geschmackssinn ist besser, wenn man nicht kurz vorher die Zähne putzt, Kaffee trinkt oder noch rasch eine Zigarette inhaliert.

Auf die eigene Note verzichten

Betäubende Duftwolken erlebt man auch bei Teilnehmern, die es eigentlich besser wissen müssten. Den eigenen Duft nimmt man nach einiger Zeit selbst nicht mehr wahr, aber die anderen können das Aroma eines Weins in einer Wolke von Parfum, Rasierwasser oder Knoblauch kaum erkennen.

Ziele setzen

Überlegen Sie sich vorher, was diese Probe bringen soll. Sicher will man Weine kennenlernen, Neues erfahren, sich über Wein unterhalten. Aber wer ist der Veranstalter? Will ein Händler mir einen Wein verkaufen oder ist es eine Weinmesse, bei der man Eintritt zahlt? Wie viele Weinsorten gibt es zu probieren, fünf oder 200? Je mehr Weine zur Auswahl stehen, umso wichtiger ist es, schon vorher festzulegen, welchen Weintyp man verkosten will. Bei größeren Veranstaltungen gibt es oft eine Weinliste oder einen Katalog: schon vor dem ersten Glas überfliegen und ankreuzen, was interessant erscheint. Sollen es eher milde oder eher trockene Weine sein, will man eine bestimmte Rebsorte näher kennenlernen, sind bestimmte Regionen oder Preisklassen interessant?

Siebten Sinn einschalten

Vor allem bei Weinmessen hat es wenig Sinn, sich von Stand zu Stand durchzutrinken. Besser erst einmal eine Runde drehen, ohne zu probieren, und nur auf Herkunft, Namen, Flaschen, Etiketten und Personen achten und in sich hineinhören. Oft »klingelt« es dann und ein Wein spricht einen besonders an. Dieser »siebte Sinn« ist meist nur eine Erinnerung oder die Summe vieler Erfahrungen mit Wein. Aber nicht immer. Oft sind es Namen von Winzern oder Weinlagen, die man schon einmal gehört hat, die einen anziehen.

Reihenfolge

Ist die Abfolge vom Veranstalter festgelegt, gibt es keine Probleme. Muss man selbst auswählen, folgt man der Faustregel: jung vor alt (auf Jahrgang achten), leicht vor schwer (Alkoholgehalt oder Prädikate wie Spätlese, Auslese), trocken vor mild und süß (Etikett oder fragen), weiß vor rot, heimische vor ausländischen Weinen. Zart duftende Weine immer vor bukettreichen Sorten probieren. Zwischendurch den Geschmack mit stillem Mineralwasser oder trockenem Brot, nicht mit salzigem Gebäck, Nüssen oder Käse neutralisieren. Zum Schluss einen leichten, erfrischenden Sekt oder jungen Weißwein trinken. Auch ein herbes Pils ist bei Profiverkostern sehr beliebt.

👉 Profitipp

Bei einer umfangreichen Weinprobe (60 Weine und mehr) ist es besser, zuerst die Rotweine und dann erst die Weißweine zu degustieren. Die Säure der Weißweine erfrischt und neutralisiert.

Auge – Nase – Mund

Die Regel der alten Römer, einen Wein erst nach seiner Farbe, dann nach seinem Duft und zuletzt nach seinem Geschmack zu beurteilen (→ S. 58/59), gilt heute noch. Zumindest mit Einschränkungen, denn früher hatte die Reihenfolge den Sinn, verdorbene und ungenießbare Weine schon vorher zu erkennen. Heute sind viel häufiger die Probiergläser »verdorben«: durch zu intensiven Geruch nach Spülmitteln oder Kartonverpackungen.

Die Farbe

Halten Sie das Glas gegen das Licht oder einen hellen Untergrund, notfalls vor ein weißes Blatt Papier. Trübungen durch feine Kohlensäurebläschen sind bei sehr jungen Weinen oder bei Fassweinproben normal. Wirkt der Wein aber matt und milchig, schmeckt er oft auch so. Der Farbton und die Farbintensität liefern Anhaltspunkte zu Rebsorte, Alter und Produktionsweise eines Weins. Bei Weißweinen sind sehr helle Gelbtöne typisch für leichte, dunkle und honigähnliche Farbtöne dagegen für schwere Weine.

Je älter der Weißwein, desto bräunlicher die Farbe. Roséweine mit bräunlichen Tönen wurden oft in alten, großen Holzfässern ausgebaut und schmecken meist müde. Bei Rotweinen deuten leuchtende Kirschtöne auf junge, bräunliche oder ziegelrote Farben auf reifere Weine hin. Violette Töne sind ein Kennzeichen junger Syrah-, Cabernet-Sauvignon-, Merlot-, Zweigelt- und Sangiovese-Weine.

Die Nase

Zunächst wird ohne Schwenken am Wein gerochen – dabei zeigen sich die flüchtigsten Duftstoffe. Dann das Glas leicht schwenken, um eine größere Fläche mit Wein zu benetzen, wieder riechen, am besten kurz und heftig schnüffeln wie ein Hund (leise!), so erfasst

man die feinsten Nuancen besser. An den Duftnoten
(→ S. 132–135) lässt sich die Rebsorte erkennen,
oft auch die Herkunft – ein Duft nach Rosmarin und
Thymian deutet zum Beispiel auf mediterrane Weine
hin, einen Eukalyptusduft besitzen oft Weine aus
Australien.

Manche Weine riechen nach Gestein wie feuchten
Lössböden, Schiefer oder Kalk. Große Weine riechen
immer feiner, vielfältiger; kleine werden mit der Zeit
meist dürftiger, flacher. Wenn Ihnen beim Schnuppern
ungewöhnliche Assoziationen wie Tankstelle, Weih-
nachtsplätzchen oder ein Waldspaziergang kommen,
wundern Sie sich nicht. Die Kombination von Aromen
erzeugt bei jedem andere Erinnerungen an Düfte, die
er schon einmal gerochen hat.

Der Mund

Endlich der Probeschluck – falsch! Nicht gleich schlucken, sondern eine gute Menge Wein in den Mund nehmen und über die Zunge fließen lassen. Die verschiedenen Bereiche der Zunge und des Gaumens sind
unterschiedlich sensibel für die Geschmacksempfindungen süß und salzig (Zungenspitze), bitter und sauer
(Zungenrand und Oberfläche), deshalb den Wein im
Mund sich ausbreiten lassen und »schmeckend fühlen«.
Dann kräftig kauen und dabei durch die Nase ausatmen; dadurch entsteht ein Überdruck im Mund, die
Duftstoffe werden verstärkt in die Nase geleitet. So erkennen Sie leicht, ob Sie einen guten Wein vor sich haben, bei dem die verschiedenen Geschmackselemente
harmonisch verbunden sind, oder ob es ein einfacher,
unausgewogener Wein ist, dem die vielfältigen Eindrücke fehlen. Jetzt können Sie den Wein entweder
ausspucken, was bei einer Weinprobe nicht unfein ist
(→ S. 138/139), oder den Schluck die Kehle hinabrinnen lassen. Dann entgehen Ihnen die fünf Prozent des
Geschmackseindrucks nicht, die beim Ausspucken
des Weins fehlen.

Aromen bei Weinen

Weine können sehr unterschiedlich riechen – nach Früchten und Beeren, Blüten und Gewürzen, Kräutern oder Bauernhof. Zum Nachschauen und Einordnen hier eine Reihe von Düften, die häufig vorkommen.

Weißweine

Äpfel, gelbe oder grüne Typisch für Chardonnay, weiße Burgunder (Pinot blanc, grigio) und Rieslinge.

Aprikosen Riesling (Rheingau, Pfalz, Wachau), reifer Chardonnay, Chenin blanc, Grüner Veltliner.

Banane Häufig bei jungen Weißweinen (Gutedel/ Chasselas, Chablis, Riesling, Grauburgunder).

Basilikum Reifer Riesling (Rheingau, Elsass), Müller-Thurgau (Baden), Malagousia (Griechenland).

Biskuit Bei feinen, reifen Weinen und Champagnern, weißen Burgundern und Chenin blanc.

Brennnesseln Typisch für Sauvignon-blanc-Weine aus nicht ganz ausgereiften Trauben, auch Silvaner, Kerner oder Scheurebe (Franken).

Brot (Weißbrot) Vor allem Chardonnay (Frankreich/ Burgund und Neue Welt), Spätlesen von Riesling und Silvaner, Weißburgunder und Gutedel (Baden), Rueda (Spanien), Champagner.

Farn Riesling, Sauvignon blanc, intensiver noch bei manchen Müller-Thurgau.

Feigen, getrocknete Häufig bei reifen Weißweinen, edelsüßen Weinen (Muscat de Rivesaltes, Roussillon).

Gras, frisches Weiße Bordeaux- und Graves-Weine, typisch für Sauvignon-blanc- und Sémillon-Weine.

Haselnüsse Reifer Chardonnay, Viognier, Pinot grigio, Frascati und Champagner.

Honig Edelsüße, auch trockene füllige Weine, deutet oft auf längere Reife in der Flasche hin.

Limette Rieslinge (vor allem australische, auch deutsche Eisweine), Rebsorten Grecanico (Sizilien) und Petite Arvine (Schweiz).

Melone Große Chardonnay-Weine aus Australien, Kalifornien, Frankreich (Chablis).

Pfeffer Grüner Veltliner und andere.

Pfirsiche, weiße Riesling (Rheingau, Pfalz, Mosel), Müller-Thurgau, Silvaner (Baden), weißer Bordeaux.

Rosen Traminer, Gewürztraminer, Moscato Rosa, weiße Burgunder (Pinot blanc, grigio).

Schiefer Riesling (Franken, Rheingau, Mosel und Saar), Silvaner (Franken).

Stachelbeeren Sauvignon blanc, Chardonnay, Gutedel – deutet auf grüne Beeren hin.

Vanille Typische Barrique-Note (→ S. 152).

Grundkomponenten des Weinduftes von Pinot grigio.

Rotweine

Grundsätzlich stehen bei Rotweinen mehr die Aromen roter und schwarzer Früchte im Vordergrund, doch es gibt auch interessante Kräuternoten zu entdecken.

Banane Beaujolais (aus Gamay-Trauben), auch Pinotage (Südafrika).

Brombeeren Syrah (Shiraz), Weine der südlichen Rhône, Bordeaux, viele Chianti, deutsche Spätburgunder.

Dill Bei Spätburgundern aus Franken und Frühburgundern von der Ahr.

Dörrpflaumen Cabernet-Familie (Cabernet Sauvignon, Cabernet franc), Syrah (Shiraz), Tempranillo, St. Laurent, Zweigelt, Zinfandel, alte Burgunder (Pinot noir), Weine aus Frankreichs Sud-Ouest, Barbera, reifer Chianti Classico.

Eukalyptus Dornfelder (Pfalz), australische und ungarische Cabernet-Sauvignon-Weine.

Farn Häufiger Duft bei Cabernet Sauvignon, Merlot und Valpolicella-Weinen.

Gewürznelke Südfranzösische Weine (mit Grenache-Trauben), Rote Burgunder, Nebbiolo-Weine (Italien), Zinfandel (Kalifornien), Cuvées aus Cabernet Sauvignon und Shiraz (Australien).

Himbeeren Spätburgunder, Pinot noir.

Holunder Bordeaux-Weine (Médoc), Pinotage (Südafrika), viele portugiesische Weine.

Johannisbeeren, schwarze Cabernet-Sauvignon-Weine.

Kirschen, reife dunkle Rote Burgunder.

Kräuter, frische Cabernet franc, Syrah (Shiraz), Sangiovese, Corvina, Dornfelder, Rotweine von Kreta.

Kräuter, getrocknete Rotweine aus Spanien (Navarra, Katalonien), Südfrankreich, Weine von der südlichen Rhône wie Châteauneuf-du-Pape.

Nüsse, geröstete Viele Bordeaux- und andere im Holzfass ausgebaute Weine.

Paprikaschoten, grüne Jüngere Rotweine (Cabernet Sauvignon, Pinot noir, Pinotage).

Pfeffer, schwarzer Syrah-, Grenache-, manchmal auch Cabernet-Sauvignon-Weine.

Schokolade In großen Bordeaux-Weinen und in vielen südlichen Weinen aus sehr reifen Trauben.

Teer Nebbiolo, Barolo, ältere Syrah-Weine, viele Barriqueweine.

Zedernholz, Bleistift Cabernet Sauvignon und Syrah, Bordeaux- und Roussillon-Weine, Spätburgunder, Riojas, manche Italiener.

Zimt Weine aus reif geernteten Spätburgunder-, Nebbiolo-, Cabernet Sauvignon- und Zinfandel-Trauben.

Grundkomponenten des Weinduftes von Burgunder.

Bewertung von Weinen

Eine Weinprobe bringt wenig, wenn man sich keine Notizen zu den Weinen macht. Wichtig sind Name, Herkunft (also Gebiet, eventuell Lagenname, Weingut), Jahrgang und Rebsorten. Dazu notiert man sich Beobachtungen über Farbe, Duft und Geschmack. Und zum Schluss gibt man dem Ganzen eine Note. Am Anfang genügen Schulnoten von 1 (supergut) bis 6 (ungenießbar) oder das Sternchensystem: kein Sternchen für die Schulnote 6, fünf Sternchen für die Schulnote 1. Später kann man das System weiter verfeinern.

20-Punkte-Schema

Dies ist ein typisch deutsches Schema, bei dem die Punkte nach einem komplizierten Schlüssel berechnet werden. Bei der 20-Punkte-Skala beginnt die Wertung mit 10 Punkten (um das Schema zu kennzeichnen, wird »10/20« geschrieben – 10 Punkte von 20 maximal möglichen).

10 Punkte:	grob fehlerhafter Wein, durchgefallen
11 Punkte:	erkennbare Fehler
12 Punkte:	trinkbarer Wein
13 Punkte:	nichts Besonderes, aber fehlerfrei
14 Punkte:	ordentlich, im Alltag trinkbar
15 Punkte:	gutes Mittelmaß, ordentlich
16 Punkte:	sehr guter Wein, schon beachtlich
17 Punkte:	sehr guter bis großer Wein
18 Punkte:	großartiger Wein
19 Punkte:	außergewöhnlicher Spitzenwein
20 Punkte:	perfekter, nicht zu überbietender Jahrhundertwein

Parker-Punkte

Geläufiger ist eine Punktevergabe nach Robert Parker (amerikanischer Weinkritiker), die sich international durchgesetzt hat. Auf seine Punktbewertung wird oft in

Prospekten hingewiesen: »Dieser Wein hat 89 Parker-Punkte«. Um die Methode zu kennzeichnen, könnte man auch »89/100« schreiben – 89 von 100 möglichen Punkten. Weil Parkers Benotung dem amerikanischen Schulsystem angepasst ist, beginnt seine Skala erst bei 50 Punkten (entspricht den 10 Punkten im 20er-System).

weniger als 60 Punkte:	fehlerhafter Wein (»unacceptable«)
60–69 Punkte:	Wein mit deutlichen Schwächen und Fehlern, belanglos (»below average«)
70–79 Punkte:	durchschnittlich, macht nicht unbedingt Freude (»average«)
80–84 Punkte:	ansprechender, guter Wein, empfehlenswert (»average to good«)
85–89 Punkte:	sehr guter, ausgewogener Wein, sehr empfehlenswert (»very good«)
90–94 Punkte:	weit überdurchschnittlicher Wein, exzellent, herausragende Qualität, große internationale Klasse (»outstanding«)
95–99 Punkte:	hervorragender, perfekter Wein, Spitzenklasse, vielschichtig und von großer Tiefe, der zu trinken ein unvergessliches Erlebnis ist (»extraordinary«)
100 Punkte:	der vollkommene Wein, nicht mehr zu übertreffen, ein Jahrhundertwein

Umrechnung

Um Punkte aus dem 20er-System in Parker-Punkte umzurechnen, rechnet man die 20er-Punkte mal 3 plus 40. Das ergibt in etwa die Punktzahl des 100er-Schemas. Die Umrechnung trifft es aber nicht ganz, da das Parker-System feiner unterteilt ist.

Weinprobe zu Hause

Mit Freunden ein paar Weine richtig zu »verkosten«
macht Spaß und bringt neue Erfahrungen. Statt einfach
einige Flaschen zu öffnen, sollten Sie klare Strategien
entwickeln.

Themenstrategie

Besser als »die besten Weine aus meinem Keller« zu
holen, ist der Vergleich von Weinen aus derselben Rebsorte, aber verschiedenen Regionen, zum Beispiel
Cabernet-Sauvignon-Weine aus Alter und Neuer Welt.
Oder Sie probieren die verschiedenen Sorten aus einer
Region, etwa Rot- und Weißweine aus Burgund oder
badische Weine von Nord nach Süd.

Rechenstrategie

Wie viele Mitprobierer, wie viele Flaschen braucht
man für eine Weinprobe? Weniger als sechs und mehr
als acht Teilnehmer sollten es nicht sein, sonst bleiben
entweder zu viele Reste übrig oder die Runde wird zu
unübersichtlich. Rechnen Sie pro Tester eine Flasche,
also sechs bis acht verschiedene Weine. Mehr als zehn
Weine sind für eine gemütliche Runde zu anstrengend.
Planen Sie genügend zum Nachprobieren ein.

Probenstrategie

Soll es eine offene oder eine verdeckte Probe werden?
Bei einer offenen Probe sieht jeder die Etiketten, weiß
also, welchen Wein er gerade trinkt. Bei einer verdeck-
ten Weinprobe werden die Flaschen mit Papier oder
Alufolie verhüllt und mit Nummern versehen. Nur der
Probenleiter weiß, welcher Wein im Glas ist. Oder Sie
machen eine »JLF«-Probe: »Je leerer die Flasche«,
desto besser schmeckt ein Wein. Voraussetzung ist ein
einfaches Essen und so viele Flaschen, dass Reste bleiben. Die Flasche mit dem kleinsten Rest ist der Sieger.

Vorbereitungsstrategie

Was muss alles bereitstehen?

- Liste mit den Weinen, die probiert werden – mit Platz für Notizen.
- Genügend Gläser – möglichst zwei bis drei Probiergläser (→ S. 54/55) pro Teilnehmer, damit die Weine nebeneinander verglichen werden können.
- Bei verdeckter Probe: Hüllen für die Flaschen mit Nummern.
- Trockenes (etwa einen Tag altes) Brot, um den Geschmack zwischendurch zu neutralisieren.
- Reichlich stilles Wasser, am besten in großen Krügen (zum Trinken und zum Ausspülen der Gläser). Extra Wassergläser gehören natürlich auch zur Weinprobe.
- Mehrere undurchsichtige Gefäße für das Gläserspülwasser (Wasser zum Ausschwenken der Gläser) und um den Probeschluck Wein ausspucken zu können, am besten mit Holzwolle gefüllt, dann spritzt es nicht so. Ausspucken bedeutet bei Weinproben nicht, dass der Wein nicht schmeckt, sondern dass man nicht jeden Wein austrinken und dadurch schnell betrunken werden will. Den Geschmack eines Weins bekommt man trotzdem mit.
- Mehrere Karaffen zum Dekantieren von Rotweinen (→ S. 118/119). Wer nur eine Karaffe hat, dekantiert den ersten Wein, säubert die Flasche und gießt den Wein (am besten mit Hilfe eines Trichters) wieder zurück in die Flasche.
- Weißer Untergrund (zum Beurteilen der Farbe), eventuell auch ein großer Bogen Papier auf jedem Platz (auch praktisch für Notizen).
- Kapselschneider und Korkenzieher (→ S. 48–51), am besten mehrere für eventuelle Problemfälle.
- Kleine Flaschen für die Reste (je weniger Luft über dem Wein ist, desto länger halten sich Reste frisch). Geeignet sind kleine Mineralwasserflaschen, halbe Weinflaschen (0,375 l), Piccoloflaschen und Getränkeflaschen mit Schraubverschluss.

WEIN UND VORRAT

Mehr als eine Flasche Wein im Haus zu haben, ist immer gut. So ist man gewappnet, wenn unerwartet Gäste kommen, kann auch einmal was Leckeres zu Hause kochen und spontan einen guten Tropfen dazu genießen, und es ermöglicht das Sammeln besonderer Weine. Aber wohin damit, wenn es keinen kühlen Keller gibt? Und wie behält man den Überblick? Und in welchem Alter sollte man den Wein besser in Ruhe lassen, als ihn zu trinken?

Sammeln mit System

Wer nur Wein für den baldigen Verbrauch kauft, muss sich über die Lagerung keine Gedanken machen. Auch wenn eine Flasche einmal vier Wochen im Wohnzimmer neben der Heizung steht, wird der Wein davon nicht schlechter. Wenn die Flaschen aber immer mehr werden, liegt das an einem Virus, der fast jeden Weinliebhaber bei fast jedem Weinkauf packt: eine Flasche für besondere Gelegenheiten kaufen. Die Flasche sieht gut aus, die könnte man an einem Sonntag mal zum Schmorbraten trinken. Der Wein ist so toll, eine Flasche davon heben wir für Weihnachten auf.

Sammelsurium vermeiden

Dumm, dass dabei in kurzer Zeit eine bunte Sammlung zustande kommt, bei der man dann oft nicht mehr weiß, woher die einzelnen Flaschen stammen und für welche Gelegenheit man sie vorgesehen hatte. Dagegen hilft nur eiserne Disziplin und ein wenig Buchhaltung. Erster Schritt: Den Vorrat sichten und festlegen, wann und wozu man die einzelnen Flaschen öffnen will. Zweiter Schritt: Den monatlichen Bedarf feststellen, also prüfen, wie viele Flaschen zum Essen, für Gäste, als Geschenk benötigt werden. Die Weine entsprechend der künftigen Verwendung sortieren und mit abziehbaren Klebeetiketten kennzeichnen.

Vorlieben erkennen

Planen Sie Ihre Reserven nach den Genusssituationen, die am häufigsten vorkommen – einfaches Abendbrot, ein aufwendigeres Essen am Wochenende, überraschende Gäste, für die ein paar Flaschen eines frischen, unkomplizierten Weins bereitstehen sollten. Dazu ein bis zwei Flaschen Sekt oder Prosecco für den Brunch am Sonntag oder wenn einem einfach mal danach ist. Das ist der Grundbedarf, der sich nicht ständig vergrößern sollte. Sonst – siehe Sammelsurium.

Wein richtig lagern

Es gibt Weine für den alltäglichen Bedarf, die sofort nach dem Einkauf mit Genuss getrunken werden können. Es gibt aber auch Weine, die noch einige Zeit in Ruhe gelassen werden sollten, vor allem teurere Rotweine, die manchmal Jahre brauchen, bis Herbe und Süße zusammengefunden haben. Zuverlässige Weinhändler (→ S. 18) und Weinversandhäuser (→ S. 23) können angeben, wann ein Wein trinkreif ist, also seine Hochform erreicht hat.

Kapitalanlage

Es gibt teure, gefragte Lagerweine, zum Beispiel aus Bordeaux, die »en primeur« gekauft werden müssen. Das heißt: bestellen und bezahlen, ehe der Wein überhaupt in Flaschen gefüllt ist. Diese Weine müssen dann noch mindestens fünf Jahre fachmännisch gelagert werden, bis sie trinkbar sind. Das war früher ein solides Geschäft, weil die trinkreifen Weine teuer bezahlt wurden, ist heute aber eher risikoreich, weil die Preisentwicklung nicht mehr vorhersehbar ist.

Kühl und dunkel

Wichtiger als eine niedrige ist eine gleichmäßige Temperatur, wobei es nichts ausmacht, wenn der Lagerort im Sommer fünf bis zehn Grad wärmer ist als im Winter. Die Temperatur sollte das Jahr über nicht viel unter 10 °C und nur kurzfristig über 20 °C liegen. Ein Schrank in einem ungeheizten Schlafzimmer ist zum Beispiel ein brauchbarer Platz. Oder ein Kämmerchen unter einer Treppe, möglichst zur Nordseite hin gelegen. Da Lagerflaschen meist noch Korkstopfen haben, sollte die Luftfeuchtigkeit nicht zu niedrig sein, damit die Stopfen nicht austrocknen. Über 60 % Luftfeuchte sind optimal, in geheizten Wohnungen aber nur mit elektrischen Luftbefeuchtern zu erreichen. Eine dunkle Lagerung ist noch wichtiger als eine kühle:

Durch Lichteinfluss verändern sich Farbe und Aromen der Weine viel schneller ins Negative als durch Wärme. Abhilfe: wertvolle Flaschen in Alufolie wickeln.

Liegend lagern

Flaschen mit klassischen massiven Korkstopfen werden liegend gelagert, damit der Kork immer vom Wein feucht gehalten wird. Trocknet Naturkork aus, schrumpft er und lässt Luft an den Flascheninhalt. Bei Weinen mit Alternativverschlüssen (→ S. 47/48) bringt liegende Lagerung keinen Vorteil, sie müssen nicht feucht gehalten werden. Trotzdem lassen sich Flaschen liegend am besten stapeln.

Stehend lagern

Flaschen, die mit Presskorken (zu Zylindern gepresste Korkbrösel) oder Twin-Top-Korken (gepresste Korkbrösel mit massiven Korkscheiben an beiden Enden) verschlossen sind, sollten stehend gelagert werden, sonst weichen Kork und Kleber auf, der Wein kann nach Kork schmecken (→ S. 114/115), der Verschluss wird undicht und zerbröckelt beim Herausziehen. Für Sekt- und Champagnerflaschen mit Korkverschlüssen gilt das Gleiche: stehend lagern. Ebenso für alkoholreiche Dessertweine (Sherry, Madeira, Portwein, Vin Doux Naturel, Tokajer), bei denen der Alkoholgehalt den Korken schädigen kann.

Da gehört Wein nicht hin

Ungeeignet sind Kellerräume mit Südausrichtung sowie Räume, die im Winter kälter als fünf Grad werden. Ständige Erschütterungen sind besonders für ältere Weine Gift. Eine Heizungspumpe oder eine Straße mit Schwerlastverkehr können ebenso Vibrationen erzeugen wie ein normaler Kühlschrank beim Ein- und Ausschalten. In speziellen Weinklimaschränken lagern die Flaschen erschütterungsfrei.

Wie lange man Wein lagern kann

Ein optimaler Vorrat besteht aus drei Weintypen: Weine, die man jetzt trinkt, Weine, die in einem Jahr trinkbar sind, und Lagerweine, die erst in fünf und mehr Jahren reif sind. Die Ausstattung hängt außer vom verfügbaren Lagerplatz natürlich vom Geldbeutel ab, denn Lagerweine sind fast immer teure Weine.

Kellerbuch

Auch wer keinen Keller hat, sollte über seinen Weinvorrat Buch führen. Ob man Karteikarten, Ringbuch oder Computerprogramm benutzt, ist dabei nicht das Entscheidende. Hauptsache, die wichtigsten Daten sind festgehalten: Herkunft des Weins (Land, Region, Händler, Kaufdatum und Preis), Farbe (Rotwein, Weißwein), Menge (wie viele Flaschen wurden gekauft, wie viele sind noch da?), Notizen beim Probieren (mit Datum und Angabe, was man dazu gegessen hat), Bewertung (→ S. 136/137). Vergleicht man die Verkostungsnotizen eines Weins mit dessen zunehmendem Alter, bekommt man bald ein Gefühl dafür, welche Weine immer besser werden und bei welchen sich das Lagern nicht lohnt.

Gleich trinkbar

Die meisten Weine im Handel sind für den sofortigen Genuss bestimmt. Dazu zählen vor allem einfache Weißweine wie Riesling und Silvaner (bis Kabinett), Müller-Thurgau, Chardonnay, Muscadet und Sauvignon blanc, aber auch leichte Rotweine wie Dornfelder, Portugieser, Lagrein, Beaujolais, Côtes du Rhône, Corbières, Barbera und einfache rote Bordeaux-Weine. Sie sind im Alter von zwei bis drei Jahren schön fruchtig und passen zu vielerlei Gerichten. Danach schmecken sie nicht mehr so frisch und verlieren ihre fruchtige Note.

Mittelfristig trinkbar

Weine, die im Jahr der Abfüllung (in der Regel ein Jahr nach der Ernte) gekauft werden, schmecken meist nach einem halben bis einem Jahr besser. Das gilt für viele Weißweine wie Weißburgunder, bessere Rieslinge (Spätlese), Gewürztraminer und Chardonnay, vor allem aber für Rotweine wie Spätburgunder, Bordeaux Supérieur oder Crus Bourgeois aus dem Médoc, einfachere Pinot-noir-Weine aus Burgund und Cabernet-franc-Weine von der Loire.

Lagerweine

Bei manchen Weinen lohnt sich die Geduld. Wuchtige Rieslingweine können uralt werden, doch so lange muss man sie nicht aufheben. Kraftvolle, tanninreiche Rotweine wie große Bordeaux, Barolos und Brunellos entwickeln aber oft erst nach Jahren ihr richtiges Potenzial, dazwischen haben sie einen »Durchhänger« (→ S. 147–149). Typische Rebsorten für lagerfähige Weine sind Cabernet Sauvignon, Syrah (Shiraz), Grenache und Mourvèdre, aber auch Spätburgunder (Pinot noir). Kaum zu übertreffen ist ein feiner reifer Burgunder aus Frankreich, zehn Jahre oder älter. Tanninreiche Lagerweine werden meist in Holzfässern (→ Barrique, S. 152) ausgebaut und schmecken mit etwa drei Jahren schon angenehm nach Pflaumen und Heidelbeeren. Aber erst im Alter (ab etwa acht Jahren) zeigen sie, was wirklich in ihnen steckt: fast süße Weichheit, Eleganz und würzige Aromen wie Lakritze, Schokolade und schwarzer Pfeffer.

👉 Profitipp

Nicht jeder tanninreiche Rotwein ist zum Lagern geeignet. Die Tannine müssen schon erkennen lassen, dass sie einmal weicher werden – sie hinterlassen eher ein pudriges als ein sandiges Gefühl im Mund.

Hochs und Tiefs der Weine

Alle Weine durchlaufen über Jahre hinweg verschiedene Reifephasen, in denen sie mehr oder weniger gut zu trinken oder sogar untrinkbar sind. Wer ältere Weine einkauft oder jüngere lagern will, sollte ihre Hochs und Tiefs kennen, um keine Enttäuschungen zu erleben. Profis unterscheiden zwischen einer »Primärfruchtphase«, bei der die Aromen der Trauben überwiegen, und einer »Verschlussphase«, bei der die Weine ihre Fruchtigkeit und Lebendigkeit verlieren, sozusagen in einer »Trotzphase« stecken. Während dieser Zeit entwickeln sich die »Sekundäraromen« mit komplexeren Geschmackseindrücken, die Tannine bei Rotweinen werden weicher, zugänglicher. Die Holznoten von Weinen aus dem Barrique (→ S. 152) verbinden sich mit den übrigen Aromen. Im Idealfall erreicht der Wein nach seinem Dornröschenschlaf die perfekte Verbindung aller aromatischen und geschmacklichen Komponenten. Wartet man danach aber zu lange, bildet der Wein »Alterstöne«, die sogenannten »Tertiäraromen«. Die Farbe ändert sich in bräunliche oder orangefarbene Töne, die Fruchtigkeit lässt stark nach und es überwiegen Noten von braun angelaufenen Äpfeln oder zu lange gekochten Früchten und Beeren.

Weißweine

Nur säurereiche Rebsorten ergeben langlebige Weißweine. Das sind vor allem Riesling in Deutschland, Grüner Veltliner in Österreich (Wachau) und weiße Bordeaux-Weine aus Sauvignon-blanc-Trauben. Aber auch spät gelesene Gewürztraminer können sehr alt werden. Außerdem wichtig für die Lagerfähigkeit: Die Trauben müssen im Ertrag niedrig gehalten, reif geerntet und sorgfältig verarbeitet werden. Solche Weine werden meist knapp ein Jahr nach der Ernte auf Flaschen gefüllt und sind dann einige Wochen bis etwa ein halbes Jahr lang wenig zugänglich – sie leiden unter dem sogenannten »Füllschock«, dessen Dauer von der Behandlung des Weins beim Abfüllen und von seiner Robustheit abhängt. Die meisten Weingüter liefern aber ihre Weine erst aus, wenn diese Phase vorüber ist. Im Alter von zwei bis drei Jahren entwickeln die Weine fruchtige Aromen und Säure, dann verschließen sie sich wieder. Zwischen drei und etwa fünf Jahren schmecken sie flach, dünn, säuerlich, einfach langweilig. Danach erwachen sie wieder zum Leben, schmecken weicher, vielfältiger und nuancenreicher. Aus der fruchtigen ist eine eher cremige, pikante Honignote geworden. In dieser Phase verbleibt ein guter Weißwein etwa fünf Jahre, danach beginnt er abzubauen, schmeckt zunehmend ölig-süß nach überreifen Äpfeln.

Einfache Weißweine leiden zwar auch kurz unter Füllschock, haben aber keine Verschlussphasen, da sie ohnehin jung getrunken werden.

Cabernet-Sauvignon-Weine

Große Rotweine aus dieser Rebsorte oder Cuvées (→ S. 152), in denen Cabernet-Sauvignon-Trauben den Hauptanteil stellen, gibt es vor allem im Bordeaux, ähnliche aber in allen Spitzen-Weinbauregionen. Sie reifen länger im Holzfass (→ Barrique, S. 152) und werden erst zwei Jahre nach der Ernte auf Flaschen gefüllt. Auch bei ihnen ist der »Füllschock« zu spüren. Danach entwickeln diese Rotweine Aromen nach Schwarzen Johannisbeeren und Brombeeren, aber die Tannine und Holztöne sind noch sehr mächtig. Im Alter von drei Jahren sind sie in ihrer »Primärfruchtphase«, die Beerenaromen sind ausgewogen und rund. Dann folgt ebenfalls eine »Verschlussphase«, in der diese Weine ihre Frucht verlieren, nur noch rau und sauer schmecken. Erst wenn sie sieben oder acht Jahre alt sind, wachen sie wieder auf. Jetzt sind die Tannine weich und die Geschmacksnoten zu einer Einheit zusammengewachsen, die Weine schmecken nun rund, voll, üppig nach Konfitüre und gekochten Beeren. Bei guten Weinen hält dieser Zustand etwa zehn Jahre an, dann können sie langsam abbauen, die Farbe geht mehr ins Bräunliche, die Aromen werden schwächer und matter. Ganz große Weine können aber leicht über 20 Jahre alt werden, ohne dass sie Alterserscheinungen zeigen.

 ## Profitipp

Andere tanninreiche Rotweine wie Syrah und Malbec verhalten sich ähnlich wie Cabernet Sauvignon. Bei den übrigen Rotweinen sind die Verschlussphasen nicht so ausgeprägt.

Spätburgunder-/Pinot-noir-Weine

Vorbild für große Weine aus dieser Rebsorte sind die roten Burgunder von der französischen Côte d'Or. Bei diesen Weinen sind die Tannine nicht so prägnant wie beim Cabernet Sauvignon, sie sind schon mit drei bis fünf Jahren zugänglich. Ihre Verschlussphase verzögert sich aber nur – leichtere Spätburgunderweine können mit vier Jahren »abtauchen«, schwerere sind meist zwischen fünf und zehn Jahren unzugänglich. Das Warten lohnt sich vor allem bei ganz großen Burgunderweinen, die in ihrer Jugend so mit Primäraromen überladen sind, dass es schade wäre, sie vor ihrem geschmacklichen Optimum ab etwa 10 Jahren zu trinken. Danach haben sie ihre Fülle und Komplexität erreicht, duften nach Himbeeren und Trüffeln, schmecken süß und fleischig, üppig und verführerisch.

 ## Profitipp

Das spannendste Thema bei Rotweinen ist Burgund. Wer einmal einen feinen, reifen Burgunder getrunken hat, wird mit Sicherheit zum Weinfan.

Weinnamen und ihre Aussprache

Wer im Restaurant einen Wein bestellt, möchte ihn auch richtig aussprechen und so zu erkennen geben, dass er den Wein kennt. In der nachfolgenden Liste finden Sie links die gängigsten Weine aus den verschiedenen Ländern, rechts deren Aussprache.

Italien

Bianco di Custoza	Bianko di Kustosa
Chianti	Kianti
Dolcetto	Doltschetto
Franciacorta	Frantschakorta
Montepulciano	Montepultschano
Pinot grigio	Pino gridscho
Recioto	Retschoto
Rosso Piceno	Rosso Pitscheno
Teroldego Rotaliano	Teroldego Rotaljano
Valpolicella	Walpolitschella
Vernaccia di San Gimignano	Wernatscha di San Dschiminjano
Verdicchio dei Castelli di Jesi	Werdikkio dej Kastelli di Jesi

Schweiz

Chasselas	Schassla
Dézaley	Desalä
Dôle	Dool
Epesses	Epess
Féchy	Feschii
Fendant	Fondan
Yvorne	Iworn

Spanien

Rioja	Riocha
Ribera del Duero	Ribera del Dwero
Rías Baixas	Rias Baischas
Tempranillo	Tempranijo

Frankreich

Auxerrois	Oserroa
Banyuls	Banjül
Beaujolais	Boscholä
Bergerac	Berscherak
Bordeaux bourgeois/	Bordoh burschoi/
Grand Cru	Grah Crü
Cabernet Sauvignon	Kaberneh Sowinjong
Carmenère	Karmenär
Châteauneuf-du-Pape	Schattoonöff-dü-Paap
Chablis	Schabli
Chardonnay	Schardonä
Chenin blanc	Schenä blong
Corbières	Korbiär
Côtes du Roussillon	Coot dü Russijo
Entre-Deux-Mers	Entre-döh-Mär
Hermitage	Ermitaasch
Merlot	Merloh
Minervois	Minerwoa
Moet et Chandon	Moe e Schando
Mourvèdre	Murwädre
Muscadet	Müskadee
Muscat de Rivesaltes	Müska dö Riiwsalt
Pouilly-Fumé	Puji-Fümee
Pouilly-Fuissé	Puji-Fissee
Pinot gris	Pino grii
Pinot blanc	Pino bloo
Pinot noir	Pino noar
Sancerre	Ssanssär
Sauternes	Ssotern
Sauvignon blanc	Sowinjong blong
Taittinger	Teittinger
Veuve Clicquot	Wöhw Klickoo
Viognier	Wionjeh

Weinsprache

Abgang Der Nachgeschmack, das Nachwirken von Fülle und Aromen eines Weins nach dem Schlucken bzw. Ausspucken.

alkoholisch Zu hoher Alkoholgehalt, Weine erinnern an Weinbrand.

Alte Welt Die traditionellen Weinländer wie Deutschland, Österreich, Schweiz, Fankreich, Italien, Spanien. Gegensatz: → Neue Welt.

Ausbau Aus Traubensaft bzw. → Most durch Gärung und Kellertechnik einen fertigen Wein herstellen.

Barrique Kleines Fass aus Eichenholz mit 225 l Inhalt, in dem hochwertige Weine vergoren oder ausgebaut werden. Durch Rösten (»Toasten«) des Holzes entstehen neben den Holznoten noch weitere Duft- und Geschmacksstoffe.

blumig Zarter, vielfältiger Duft nach Blüten.

Bukett Die Fülle der Duftstoffe, die einem Wein entströmen.

Cuvée Auch Verschnitt. Mischung verschiedener Rebsorten oder Weine, um einen bestimmten Geschmack zu erzielen oder auszubalancieren. Zum Beispiel Bordeaux: Mischung aus strengem Cabernet Sauvignon mit mildem Merlot.

extraktreich Weine mit viel Substanz (→ Körper), Duft und Geschmack.

frisch Junger Wein (vor allem Weißwein) mit Säure und etwas Kohlensäure.

fruchtig Weine, die nach dem Saft frischer Früchte und Beeren riechen und schmecken.

Gärung Die Umwandlung des Zuckers im → Most durch Hefen. Dabei enstehen vor allem Alkohol und Kohlensäure.

Glyzerin Alkoholart, die bei der Gärung durch Hefen gebildet wird. Je mehr davon im Wein enthalten ist, desto fülliger schmeckt er.

grasig Duft und Geschmack nach grünem Gras, unreif.

halbtrocken Auch »feinherb«. Weine mit dezenter, aber deutlich spürbarer → Restsüße.

Körper Substanz eines Weins, die im Mund durch das Zusammenwirken von Frucht, → Tanninen, → Glyzerin und Alkohol empfunden wird.

kräftig Weine mit viel → Körper und Alkohol.

lieblich Auch »mild«. Weine mit viel → Restsüße.

Most Traubensaft ohne Häute und Kerne, frisch oder gärend.

Neue Welt Weinländer, die erst lange nach den klassischen Weinbauländern Reben angebaut haben, wie Australien, Kalifornien, Südafrika.

Restsüße Gehalt an Frucht- und Traubenzucker im fertigen Wein. Natürlich süße Weine enstehen aus reifen, zuckerreichen Trauben, sonst werden liebliche Weine durch Zusatz von → Süßreserve erzeugt.

sauer Weine mit hohem Säuregehalt (Apfelsäure, Weinsäure) aus nicht genügend ausgereiften Trauben.

Schwefel → Most und Wein werden mit schwefliger Säure (auch für Dörrobst üblich) versetzt, um den Verderb zu verhindern und die Frische im Wein zu erhalten.

schwer Volle, alkohol- und extraktreiche Weine mit viel → Glyzerin.

spritzig Junge, leichte Weine mit deutlicher Kohlensäure.

Süßreserve Süßer Traubensaft oder konzentrierter → Most, der dem Wein zugesetzt werden kann, um die → Restsüße zu erhöhen.

Tannine Auch Gerbstoffe genannt. Stammen aus Schalen, Kernen und Stielen der Trauben. Rotweine haben mehr Tannine als Weißweine, da der Most länger mit Schalen und Kernen zusammen bleibt.

Terroir In Frankreich und inzwischen auch in anderen Ländern gebrauchte Bezeichnung für das Zusammenspiel von Klima, Landschaft, Böden, Hangneigung und Umgebung eines Weinbergs.

trocken Herber Wein, der kaum Süße spüren lässt.

weich Wein mit wenig Säure.

Register

Impressum

Copyright © 2012 GRÄFE UND
UNZER VERLAG GmbH
Grillparzerstr. 12, 81675 München
HALLWAG ist ein Unternehmen
der GRÄFE UND UNZER VERLAG
GmbH, München, GANSKE
VERLAGSGRUPPE.
www.hallwag.de

Projektleitung:
Dr. Maria Haumaier
Lektorat: Eva Meyer
Korrektorat: Ulrike Wagner
Satz: Uhl + Massopust, Aalen
Herstellung: Markus Plötz
Innen- und Umschlaggestaltung:
independent Medien-Design,
Horst Moser, München
Umschlagfoto: Jörn Rynio
Repro: Repro Ludwig, Zell am See
Druck und Bindung: Firmen-
gruppe APPL, Wemding

3. Auflage 2014
ISBN 978-3-8338-2634-4

Ein Unternehmen der
GANSKE VERLAGSGRUPPE

Liebe Leserin und
lieber Leser,
wir freuen uns, dass Sie
sich für ein HALLWAG-Buch
entschieden haben. Mit
Ihrem Kauf setzen Sie auf
die Qualität, Kompetenz und
Aktualität unserer Bücher.
Dafür sagen wir Danke! Ihre
Meinung ist uns wichtig,
daher senden Sie uns bitte
Ihre Anregungen, Kritik oder
Lob zu unseren Büchern.
Haben Sie Fragen oder
benötigen Sie weiteren Rat
zum Thema? Wir freuen uns
auf Ihre Nachricht!

Wir sind für Sie da!
Montag – Donnerstag:
8.00 – 18.00 Uhr
Freitag:
8.00 – 16.00 Uhr

Tel.: 00800/72 37 33 33*
Fax: 00800/50 12 05 44*
*(*gebührenfrei in D, A, CH)*

E-Mail: leserservice@
graefe-und-unzer.de

GRÄFE UND UNZER Verlag
Leserservice
Postfach 860313
81630 München